TRÊS FILOSOFIAS DE VIDA

Conheça
nosso site

◎ @editoraquadrante
♪ @editoraquadrante
▶ @quadranteeditora
f Quadrante

PETER KREEFT

TRÊS FILOSOFIAS DE VIDA

Tradução
Magno de Siqueira

3ª edição

QUADRANTE
São Paulo
2023

Título original
Three philosophies of life

Copyright © 2015 Ignatius Press

Capa de
Gabriela Haeitmann

As citações da Sagrada Escritura são retiradas, na maioria dos casos, da Bíblia Ave-Maria.

Dados Internacionais de Catalogação na Publicação (CIP)

Kreeft, Peter
　Três filosofias de vida / Peter Kreeft; tradução de Magno de Siqueira. – 3ª edição – São Paulo : Quadrante, 2023.

Título original: *Three philosophies of life*
ISBN: 978-85-7465-438-6

　1. Bíblia. A.T. Livros sapienciais - Crítica e interpretação 2. Filosofias de vida 3. Sofrimento 4. Humanismo, sentido da vida I. Título II. Série

CDD-223

Índice para catálogo sistemático:
1. Vaidade : Sofrimento : Amor

Todos os direitos reservados a
QUADRANTE EDITORA
Rua Bernardo da Veiga, 47 - Tel.: 3873-2270
CEP 01252-020 - São Paulo - SP
www.quadrante.com.br / atendimento@quadrante.com.br

Introdução

A inesgotável literatura sapiencial

Tenho sido filósofo por toda a minha vida adulta e os três livros mais profundos que já li são Eclesiastes, Jó e o Cântico dos Cânticos. De fato, o livro que me tornou filósofo, quando tinha cerca de quinze anos, foi o Eclesiastes.

Os livros de filosofia podem ser classificados de vários modos: antigos e modernos, orientais e ocidentais, otimistas e pessimistas, teístas e ateístas, racionalistas e irracionalistas, monistas e pluralistas, e muitos outros. Mas a mais importante distinção de todas, diz o filósofo francês Gabriel Marcel, é entre os cheios e os vazios, os profundos e os rasos, os perenes e os triviais. Você pode ler todos os livros em todas as bibliotecas, acompanhar todos os sábios da terra nas suas jornadas ao conhecimento, e não encontrará três livros mais profundos que o Eclesiastes, Jó e o Cântico dos Cânticos.

Esses três livros são literalmente inesgotáveis. Transbordam com um misterioso poder de renovação. Sempre tiro alimento novo da sua releitura, e nunca me canso de ensiná-los. São a quintessência da minha definição de clássico. Um clássico é como uma vaca: dá leite fresco toda manhã. Um clássico é um livro que recompensa infinitamente a releitura. Um clássico é como a manhã, como a própria natureza: sempre jovem, sempre renascendo. Não, nem mesmo como a natureza, porque ela, como nós, está destinada a morrer. Somente Deus é sempre jovem, e somente o livro que Ele inspirou nunca envelhece.

Se Deus quis inspirar uma filosofia, por que inspiraria alguma que não a melhor? Mas a melhor não necessariamente é a mais sofisticada. Platão diz, no diálogo *Íon*, que os deuses deliberadamente escolhem os piores poetas para inspirar os mais ricos poemas a fim de que a glória seja deles, não do homem. É exatamente o que São Paulo diz na Primeira Carta aos Coríntios. E vemos este princípio operando em toda a Bíblia: o contraste chocante entre a rudeza do poeta e a profundidade do poema, entre a pequenez do cantor e a magnitude da canção, entre a ausência de sofisticação humana e a presença da divina *sophia*, da divina *sabedoria*. Há sempre *algo que explode* para fora das palavras, algo que jamais conseguiremos captar completamente, mas que também nunca perderemos completamente se tivermos coragem de escutar. Fique sob a chuva divina, e as sementes de sabedoria germinarão na sua alma.

Três filosofias de vida

No fim das contas, há somente três filosofias de vida, e cada uma é representada por um dos seguintes livros da Bíblia:

1. A vida como vaidade: Eclesiastes;

2. A vida como sofrimento: Jó;

3. A vida como amor: Cântico dos Cânticos.

Jamais se escreveram livros mais profundos sobre qualquer uma dessas filosofias de vida. O Eclesiastes é o clássico imortal da vaidade. Jó é o clássico imortal do sofrimento. E o Cântico dos Cânticos é o clássico imortal do amor.

O motivo de essas serem as três únicas filosofias de vida possíveis é que representam as três condições ou lugares exclusivos nos quais podemos estar. A «vaidade» do Eclesiastes representa o Inferno. Os sofrimentos de Jó representam os do Purgatório[1]. E o amor do Cântico dos Cânticos representa o Céu. Todas as três condições começam aqui e agora na terra. Como dizia C.S. Lewis, «tudo que parece terreno é o início do Céu ou do Inferno». Uma frase arrasadora, a que Lewis acrescentou: «Senhor, não abra meus frágeis olhos para isso com demasiada frequência».

---

(1) *Nota do Autor aos leitores protestantes*: Por favor, não joguem fora este livro tão cedo. Não tenho o Purgatório como um pressuposto nem é esta uma obra de apologética. Aqui o sentido do termo que emprego é somente um sofrimento que limpa a alma. Ele começa nesta vida. Se é completado na próxima, vocês podem chamá-lo simplesmente de «vestiário do Céu». Uma santificação com qualquer outro nome teria o mesmo perfume.

A essência do Inferno não é o sofrimento, mas a vaidade; não a dor, mas a falta de propósito; não o sofrimento físico, mas o espiritual. Dante estava certo ao colocar estes dizeres sobre os portões do Inferno: «Abandonai toda a esperança, ó vós que entrais».

O sofrimento não é a essência do Inferno porque é possível sofrer com esperança. Foi assim para Jó. Ele nunca perdeu a fé nem a esperança (que é a fé direcionada para o futuro), e seu sofrimento mostrou-se purificador, purgativo, educativo: deu-lhe olhos para ver a Deus. Esse é o porquê de estarmos na terra.

Finalmente, o Céu é amor, porque o Céu é essencialmente a presença de Deus, e Deus é essencialmente amor (cf. Jo 4, 8).

Três disposições metafísicas

Heidegger começa um dos seus livros mais perturbadores com a mais perturbadora das perguntas: *«Por que o ser e não o nada?»*. Ele fala de três disposições que levam a essa questão. São três disposições metafísicas, três estados de ânimo que revelam não só os sentimentos do indivíduo mas também os significados do ser. E são esses três humores metafísicos que estão na origem das três filosofias de vida que encontramos em Eclesiastes, Jó e Cântico dos Cânticos. Heidegger diz:

Por que o ser e não o nada? [....]
Muitos homens nunca encontram essa questão, se por *encontrar* queremos dizer não apenas ouvi-la e

lê-la como uma fórmula interrogativa, mas também fazer a pergunta, isto é, trazê-la à tona, torná-la atual, sentir a sua inevitabilidade.

No entanto, muitos de nós somos tocados ao menos uma vez, talvez mais de uma vez, pela força oculta dessa pergunta, ainda que não tenhamos consciência do que nos acontece. A questão ganha vulto em *momentos de grande desespero*, quando as coisas tendem a perder todo o seu peso e qualquer sentido fica obscurecido. Talvez soe somente uma vez, como um sino surdo que reverbera na vida e silencia aos poucos. Talvez surja nos *momentos de alegria*, quando tudo em volta é transfigurado e parece existir pela primeira vez, como se fosse mais fácil pensar que tudo não é, ao invés de compreender que é, e é desse modo. Talvez apareça nos *momentos de tédio*, quando estamos equidistantes do desespero e da alegria, e tudo ao nosso redor parece tão desesperadamente vulgar que não nos importamos se isto ou aquilo é ou não é – e com isso a pergunta «Por que o ser e não o nada?» é evocada com uma força especial[2].

O *desespero* é o estado de ânimo de Jó. Seu sofrimento não é só corporal, mas também espiritual. O que ele tem a esperar, a não ser a morte? Perdeu tudo, até mesmo Deus – especialmente, ao que parece, Deus.

A *alegria* é a disposição do amor, do amor juvenil, do amor à primeira vista, do apaixonamento. Este é o assombro do Cântico dos Cânticos: que o Amado exista; que a

---

(2) Martin Heidegger, *Introdução à metafísica*.

vida exista; que as coisas mais insignificantes, iluminadas agora pela luz nova do amor, existam – como uma glória misteriosa que foi para Jó um peso misterioso. O *tédio* é a disposição do Eclesiastes. É um estado de ânimo comum na modernidade. Nesse sentimento, não há nem o desejo da morte, como em Jó, nem uma razão para a vida, como no Cântico dos Cânticos. Esse é o poço mais fundo de todos.

Três virtudes teologais

Esses três livros também ensinam as três maiores coisas do mundo, as «três virtudes teologais»: fé, esperança e caridade. A lição que o Eclesiastes ensina é a fé, a necessidade da fé, mostrando a absoluta vaidade, o vazio, da vida sem fé. O Eclesiastes usa somente a razão, a experiência humana, a observação da «vida sob o sol» como instrumentos para ver e pensar – não acrescenta o olhar da fé –, o que não lhe é suficiente para fugir da conclusão inevitável da «vaidade das vaidades». Então o epílogo do livro, nos últimos versículos, pronuncia a palavra de fé, aquilo que não pode ser provado pela razão ou pela mera observação presentes no resto do livro. Essa palavra de fé é a única grande o suficiente para preencher o silêncio da vaidade. A palavra que responde à busca do Eclesiastes e dá a verdadeira resposta à pergunta acerca do significado da vida é conhecida somente pela fé: «Teme a Deus e guarda seus mandamentos, pois este é todo o dever do homem. Pois Deus julgará toda obra, com cada um de seus segredos, seja boa ou má».

O Eclesiastes possui a fé intelectual; acredita que Deus existe. Mas isso não é suficiente. «Os demônios também creem, e tremem» (Tg 2, 19). O Eclesiastes experimenta a necessidade de uma fé real, verdadeira, vivida, salvadora, manifestando as consequências da sua falta em meio à fé racionalizada.

Jó, por sua vez, é a lição da esperança. Jó não tem nada além de esperança. Todo o resto lhe é arrancado. Mas a esperança é o bastante para torná-lo capaz de resistir e triunfar.

O Cântico dos Cânticos é inteiro sobre o amor, o sentido último da vida, a maior coisa do mundo.

Esses três livros nos dão um resumo essencial da história espiritual do mundo. G.K. Chesterton fez isso em três frases: «o paganismo foi a maior coisa do mundo. O Cristianismo é ainda maior do que o paganismo. Desde então, tudo tem sido comparativamente menor». Jó nos mostra as alturas da esperança e do heroísmo pré-cristãos. Não é estritamente pagão, claro, mas não é ainda cristão. O Cântico dos Cânticos nos mostra o centro espiritual da era cristã, acerca da qual o sistema secular moderno contou muitas mentiras, a Idade Média. Finalmente, o Eclesiastes nos conta a verdade sobre o mundo moderno pós-cristão e a sua cosmologia: ao recusar o pedido de casamento do Amante divino, o divorciado moderno não pode simplesmente voltar a ser uma virgem pagã, como tampouco um indivíduo que rejeita o Céu e escolhe o Inferno é capaz de transformar o Inferno num Purgatório ou o desespero em esperança.

A «*Divina Comédia*» antes de Dante

Nesses três livros encena-se diante dos nossos olhos a *Divina Comédia*, o grande épico de Dante, desde o Inferno, passando pelo Purgatório, até o Céu. Mas esse teatro acontece nos nossos corações e vidas, não exteriorizado em lugares cósmicos, círculos, estrelas e vapores. E ele tem lugar aqui e agora, como sementes, embora seja completado depois da morte, como flores.

Há movimento entre esses três livros, assim como na *Divina Comédia*. Primeiro, há o movimento do Eclesiastes para o livro de Jó, como Dante vai do Inferno para o Purgatório. Está lá nos últimos dois versículos do Eclesiastes. A conclusão do resto do Eclesiastes é «vaidade», mas o fecho dos versos finais é: «Teme a Deus e guarda seus mandamentos, pois este é todo o dever do homem. Pois Deus julgará toda obra, com cada um de seus segredos, seja boa ou má». Essa é precisamente a filosofia que Jó vive, e o resultado é que Jó encontra Deus e se move do Purgatório para o Céu. E este é o segundo movimento: de Jó até o Cântico dos Cânticos. Acontece no final do livro de Jó, quando ele finalmente vê a face de Deus. O Eclesiastes é o pôr do sol, o ocaso da esperança; Jó é a noite com a esperança da manhã. O Cântico dos Cânticos começa quando Deus aparece para Jó, pois onde está Deus, está o amor.

O amor é a resposta final à pergunta do Eclesiastes, a alternativa à vaidade, o sentido da vida. Mas não podemos apreciá-lo até olharmos profundamente para a pergunta. Essa pergunta é mais do que uma pergunta; é uma busca, uma questão vivida. A Escritura nos convida a essa busca, a essa aventura noite adentro rumo ao Ressuscitado. É a maior jornada da vida. Você aceita embarcar na grande e venerável arca da Bíblia comigo? Tentarei expressar o que vejo à medida em que caminhamos juntos. Pois na verdade isso é tudo que um professor pode fazer.

Eclesiastes:
A vida como vaidade

1. A grandeza do Eclesiastes

A Bíblia é o melhor dos livros, e o Eclesiastes é o único livro de filosofia, pura e simples filosofia, na Sagrada Escritura. Não surpreende, pois, que o Eclesiastes seja o melhor de todos os livros de filosofia.

O quê? O Eclesiastes é o melhor livro de filosofia? Mas o autor sequer conhece os diálogos de Platão ou a lógica de Aristóteles e até ignora as regras do bom estilo! Ele resmunga, muda de opinião várias vezes, e deixa suas paixões o arrastarem tanto quanto as evidências. Como pode essa banheira velha e suja ser a Arca de Noé dos livros de filosofia? E, como cúmulo do absurdo, o refrão do livro é a «vaidade das vaidades», o despropósito da vida humana. Como pode um livro sobre a falta de sentido ter tanto sentido?

A primeira objeção pode ser respondida pela percepção de que a qualidade nao é uma questao de forma, mas de conteúdo. A forma do Eclesiastes é simples, direta e sem arte. Mas o conteúdo, como veremos, é a melhor coisa que a filosofia poderá jamais dizer.

Mas e quanto à segunda objeção? Como pode um livro acerca da falta de sentido ter algum sentido? Um bom livro é sincero, pratica aquilo que prega. Por exemplo, o *Tao Te Ching*, o grande clássico chinês (*ching*) acerca do poder espiritual (*te*) do Caminho (*Tao*), exerce sobre o leitor um poder espiritual misterioso (*te*), um poder da mesma natureza sutil, aquosa e irresistível como o próprio *Tao*. Ou um grande livro acerca da violência e da paixão, como um romance de Dostoievski, é necessariamente violento e apaixonado. Do mesmo modo, um bom livro acerca da piedade é piedoso. Logo, um livro acerca da vaidade tem de ser vaidoso, ou não?

Não. O filósofo que escreveu o Eclesiastes é o *menos* vaidoso dos filósofos. A vaidade não pode detectar a si mesma, assim como a estupidez não pode detectar a si mesma. Somente os sábios conhecem a estultice; os estultos não conhecem nem a sabedoria nem a estultice. Assim como é necessária sabedoria para conhecer a estupidez, a luz para conhecer as trevas, é preciso profundidade para conhecer a vaidade, sentido para conhecer o despropósito. Pascal diz: «Qualquer um que não veja a vaidade da vida deve ser, de fato, muito vaidoso».

Comparado com as panaceias geniais dos vendedores de conforto que fazem de tudo para que nos sintamos à vontade, o Eclesiastes é tão grande, tão profundo e tão terrível quanto o oceano. Ah, se esse filósofo estivesse vivo hoje e conhecesse a filosofia hegemônica na América: a psicologia popular, com suas positivas batidinhas nas costas, seus «tudo bem», sua autocomplacência narcisista, seus fisiologismos, suas condescendências e suas insossas garantias de «Paz! Paz!» quando não há paz. Penso que, citando o pensador inglês John Stuart Mill, diria que é melhor ser Sócrates insatisfeito do que um porco realizado; e, evocando o filósofo William Barret, acrescentaria: «É melhor encontrar a própria existência no desespero do que jamais encontrá-la em lugar algum».

Pessimistas apaixonados e agnósticos obcecados com Deus já chamaram o Eclesiastes o maior livro já escrito. Herman Melville, por exemplo, diz no capítulo 97 de *Moby Dick* que «O Eclesiastes é o mais verdadeiro de todos os livros». E Thomas Wolfe fala, no capítulo 47 do seu clássico romance *You can't go home again*[3] («Já não podes voltar para casa»):

> De tudo o que já vi ou ouvi, aquele livro me parece o mais nobre, o mais sábio e a mais poderosa expressão da vida do homem sobre a terra, e também a mais fina flor da poesia, da eloquência e da verdade. Não sou dado a juízos dogmáticos quando o assunto é criação literária, mas se tivesse que pronunciar algum, eu diria somente que o Eclesiastes é a maior obra escrita que já conheci, e a sabedoria expressa nela é a mais duradoura e profunda.

---

(3) Thomas Wolfe, *You Can't Go Home Again* (1940), Scribner, Nova York, 2011.

Se, ao nos debruçarmos pela primeira vez sobre o Eclesiastes, não encontramos nada que confirme este juízo, seria melhor ler o livro de novo. Pois ou nós refutamos elegantemente o veredito dos gigantes ou subimos às suas costas e observamos de novo. Não parece pelo menos provável que é o anão em vez do gigante que vê mal a paisagem?

Tenho um amigo que no verão acampa nas florestas do Maine. Um dia ele encontrou um velho ermitão que não morava na cidade havia quarenta anos. Ele parecia exageradamente sábio (no mínimo mais sábio que os laicistas da nossa civilização, embora não mais sábio que um cristão), e quando meu amigo lhe perguntou onde conseguira tanta sabedoria, ele tirou do bolso o único livro que ele havia lido por quarenta anos. Era uma cópia amarela e puída do Eclesiastes. Nada mais que o Eclesiastes foi a sua instrução. Aquele único livro lhe bastara. Talvez a civilização não seja sábia porque nada seja o bastante para ela. O ancião havia ficado no mesmo lugar, física e espiritualmente, e tinha explorado as suas profundezas: os homens da cidade, entretanto, inquietaram-se, boiando de um lado para outro na superfície. Enquanto a civilização lia o *Times,* ele lia as eternidades.

2. O Eclesiastes como ética

Os filósofos pré-modernos classificariam o Eclesiastes como um livro de ética, porque ele propõe a mais importante entre todas as questões éticas, a questão com que se enfrentam todos os maiores clássicos da ética: a *República* de Platão, a *Ética a Nicômaco* de Aristóteles, as *Confissões* de Santo Agostinho, o «Tratado da Felicidade» na *Suma Teológica* de Tomás de Aquino, os *Pensamentos* de Pascal, a *Ética* de Spinoza, e o *Ou isso, ou aquilo* de Kierkegaard. O Eclesiastes trata da questão do sumo bem, o mais alto dos valores, o fim último, ou o sentido da vida. A ética antiga sempre lidava com três questões. A ética moderna costuma lidar apenas com uma, ou no máximo duas. As três questões têm a ver com as três coisas que uma esquadra precisa fazer. (A metáfora é de C.S. Lewis.) Primeiro, os navios devem saber evitar colisões entre si. É a ética social, e tanto os filósofos modernos como os antigos tratam dela. Segundo, devem saber manter-se em boas condições e evitar naufrágios. É a ética individual, virtudes e vícios, construção do caráter; ouvimos os nossos filósofos modernos falar muito pouco disso. Terceiro, e mais importante de tudo, os navios devem saber por que a esquadra está no mar afinal. Qual é a sua missão, o seu destino? É a questão do sumo bem, e nenhum filósofo moderno – talvez com a exceção dos existencialistas[4] – parece ter o mínimo de interesse por essa que é a maior das questões.

Acho que sei por que os filósofos modernos não ousam levantar essa questão fundamental: porque não têm resposta para ela. É um buraco tão imenso que somente a coragem de um existencialista ou a fé de um teísta o preenchem.

---

(4) *Existencialismo*: movimento filosófico e literário iniciado após a Segunda Guerra Mundial. Um dos divulgadores mais conhecidos é Jean-Paul Sartre, embora haja outros autores (alguns serão citados mais adiante neste livro) que receberam esse rótulo e divergem de Sartre em pontos importantes. Basicamente, o existencialismo afirma que «a existência precede a essência», ou melhor, que toda a reflexão filosófica nasce do contexto vital e concreto da pessoa. (N. do E.)

3. Eclesiastes, o existencialista

O primeiro existencialista não foi Sartre, embora tenha cunhado o termo. Nem Kierkegaard ou Nietzsche, ainda que a maioria dos manuais o digam. Tampouco foi Pascal, embora ele tenha antecipado metade de Kierkegaard e tenha sido o primeiro a escrever sobre a mais basilar das experiências existencialistas: a ansiedade e a falta de propósito. Não foi sequer Santo Agostinho, cujas *Confissões* se destacam como o mais profundo exemplo de psicologia do íntimo e autobiografia existencial jamais escritos. Não foi sequer Sócrates, que, único dentre os filósofos, existiu completamente segundo a sua filosofia.

O primeiro dos existencialistas foi, antes, Salomão, ou quem quer que seja o autor do Eclesiastes. Nele – mais ou menos dois mil e quinhentos anos antes de *A Náusea*, de Sartre, de *O Estrangeiro*, de Camus, de *Esperando Godot* de Beckett, ou de *O Castelo* de Kafka –, temos a experiência fundamental e a intuição de cada um desses clássicos modernos, expresso da maneira mais sincera, direta e natural possível.

Se você conhece obras existencialistas como as mencionadas, vai ver a verdade dessa afirmação à medida que levantamos o véu do Eclesiastes. Não temos necessidade de lhe fazer violência para que ele caiba nas vestes do existencialismo.

Há um livro chamado *Tempo para viver, tempo para morrer*, escrito pelo pastor protestante Robert Short. É um álbum de fotografias, uma para cada versículo do Eclesiastes. Todas as imagens são contemporâneas, de coisas que vemos cotidianamente sem olhar. (A fotografia nos ajuda a fazer exatamente isso: olhar em vez de somente ver.) E elas combinam surpreendentemente bem com o texto. Mostram assim a absoluta contemporaneidade, a absoluta modernidade, do Eclesiastes: a perene atualidade do livro.

Não causa estranhamento que Eclesiastes, mais do que qualquer outro livro, seja ilustrado por fotografias, porque o Eclesiastes é uma série de fotografias verbais. A palavra *fotografar* significa literalmente «escrever com luz», uma imagem feita à luz, «debaixo do sol». Este é o método do Eclesiastes: a observação simples. Diferentemente dos outros livros da Bíblia, a sua câmera não vem acoplada com o *flash* da fé para revelar as profundezas interiores ou os significados subliminares da vida. Ele se vale somente da luz disponível «debaixo do sol»: a observação e a razão humana. A superfície da vida aparece com claridade total, honestidade brutal e pobreza espiritual. O Eclesiastes é o quadro mais verdadeiro da superfície jamais composto.

Sejam lá quem forem, os rabinos que decidiram incluir o Eclesiastes no cânon da Sagrada Escritura eram sábios e corajosos: sábios porque apreciamos melhor uma coisa pelo seu contraste, e o Eclesiastes é o contrário do resto da Bíblia, a alternativa à questão para a qual todos os outros livros são a resposta. Não há nada mais sem sentido do que uma resposta sem uma pergunta. É por isso que precisamos do Eclesiastes.

Os rabinos também eram corajosos, porque a questão que o Eclesiastes põe é tão profunda que só uma resposta ainda mais profunda pode satisfazer a mente e o coração de quem ousa levantá-la. Sem essa resposta, há só duas opções: ou fugimos da pergunta e a abafamos com desonestidades, ou fugimos desesperados da vida. Essas são as duas feridas abertas que infestam o mundo moderno.

O Eclesiastes é o livro da Bíblia que o homem moderno mais necessita ler, pois é a primeira lição; os outros livros são a segunda. A modernidade não presta atenção à segunda porque não prestou à primeira. Sempre começo meus cursos sobre a Bíblia pelo Eclesiastes. Noutras épocas, poderíamos começar com Deus, no Gênesis. Mas hoje em dia, na Era do Homem, precisamos começar onde o nosso paciente está; precisamos começar pelo Eclesiastes.

O Eclesiastes é moderno por pelo menos sete motivos.

Primeiro: é um livro existencialista, um livro sobre a existência humana. Faz a grande pergunta do homem moderno: a minha existência aqui tem algum sentido? Os antigos discutiam acerca do que seria a experiência humana. O Eclesiastes, único entre os livros pré-modernos, ousa questionar: E se não há sentido algum? Ele não quer saber qual é o sentido da vida, mas se ele existe.

Segundo: o Eclesiastes mostra o maior medo da modernidade, que não é tanto o medo da morte (o medo mais profundo do homem antigo), ou o medo do pecado ou da culpa ou do Inferno (o mais profundo do homem medieval), mas o medo da falta de sentido, da «vaidade», do «vácuo existencial», o medo do Nada.

Terceiro: compartilha da melhor e da pior faceta da mentalidade moderna. Embora seja um livro altamente desesperador, é ao mesmo tempo um livro honesto.

O próprio desespero pode ser esperançoso se é honesto. (Vemos um exemplo impressionante disso em Jó).

Quarto: a sua resposta à questão do *summum bonum*, o maior bem, a finalidade última, ou o sentido da vida, é a resposta moderna, ou seja, nenhuma. Das vinte e uma civilizações que já existiram no nosso planeta de acordo com o cálculo de Arnold Toynbee, a nossa, o ocidente moderno, é a primeira que não tem ou não ensina aos seus cidadãos qualquer resposta para a questão do porquê existem. Um eufemismo para isso é dizer que a nossa sociedade é pluralista e nos deixa livres para escolher ou criar os nossos valores mais altos. Dito de maneira mais franca, a nossa sociedade não tem nada a não ser a própria ignorância para nos dar neste ponto, que é o mais importante de todos. A nossa sociedade cresce à base de saber mais sobre cada vez menos. Sabe mais sobre as coisas pequenas e menos sobre as grandes. Sabe mais de cada coisa e menos de Tudo.

Quinto: o resultado prático desse vácuo de valores é o hedonismo. Até uma pessoa que não sabe por que faz as coisas é capaz do *carpe diem*, de «curtir o momento». Sai o sentido da vida, ficam os brinquedos. O único conselho positivo que o Eclesiastes dá é o mesmo de Freud: seguir o «princípio do prazer»[5]. Só que com a honestidade de reconhecer que «isso também é vaidade» e que acaba em nada mais que a morte. Você não pode levar nenhum brinquedo consigo. As flores existem, mas existe também,

---

(5) Segundo Freud, o princípio do prazer é a tendência humana primitiva de buscar a gratificação imediata. (N. do E.)

por trás delas, uma caveira que sorri. Há muitos passatempos interessantes no convés do *Titanic*.

Ainda assim, o conselho para «fazer uma pausa e cheirar as rosas» é melhor do que fingir que as nossas diversões agitadas são, no fim das contas, fonte de sentido e satisfação. O hedonismo honesto é espiritualmente superior que o autoengano. As palavras de Jesus para o homem que queria construir grandes celeiros para a sua colheita e depois «regalar-se» (cf. Lc 12, 16-21) foram mais duras do que as que pronunciou à mulher adúltera (cf. Jo 8, 3-11) e ao ladrão na cruz (cf. Lc 23, 39-43). Muito superior à laboriosidade enfatuada, o Eclesiastes possui o heroísmo da honestidade, que é muito superior à autossuficiência dos riquinhos. Ele se eleva à dignidade do desespero, que é muito superior à psicologia *pop*.

Sexto: o seu contexto, o mundo onde ele leva a cabo a sua pesquisa, é secularizado. Nesse mundo, a religião é reduzida a um dos vários departamentos da vida, a um verbete que aparece depois de «Ciência» e «Imprensa» na enciclopédia. E o que resta dela é em seguida mais reduzido ao que pode ser empiricamente observado nesse departamento da vida.

Num mundo secular, a religião está em algum lugar da vida, não vice-versa. Deus é um ingrediente na minha vida, ao invés de eu o ser na dEle. O secularismo é antropocêntrico, não teocêntrico. O sagrado pode até existir, mas é definido pelo secular quando, no resto da Bíblia e do mundo antigo, o secular é definido pelo sagrado.

Sétimo: A última semelhança entre o Eclesiastes e o mundo moderno é a mais importante de todas. Não somente a sua observação sincera da vida, mas também o seu método, a sua epistemologia, a sua resposta à questão de como conhecemos a verdade é totalmente secular. É como se o autor fosse um repórter para o jornal universal da Terra, como se não fosse o destinatário de uma revelação ou intervenção sobrenatural. É como se para ele Deus fosse a natureza e a natureza fosse Deus, que é a divindade do panteísmo oficial da modernidade. Ele é um empirista.

4. O silêncio de Deus no Eclesiastes

A diferença entre filosofia e religião é a mesma que existe entre falar e escutar, entre a palavra do homem sobre Deus e a Palavra de Deus sobre o homem. Essa é a diferença entre razão e fé. Na filosofia, o homem busca Deus; na Bíblia, Deus busca o homem. O Eclesiastes é o único livro da Bíblia em que Deus se cala. É como se não houvesse nenhuma revelação divina, mas somente a razão natural e a observação pelos sentidos, como se Deus não fosse a sua origem, mas somente o seu destino; fosse a caça, mas não o caçador.

No livro de Jó, Deus também silencia, com exceção do começo e do fim. Mas essas duas passagens fazem a diferença. Porque Deus fala, Jó tem tudo, apesar de não ter nada. Porque Deus cala, o Eclesiastes não tem nada, embora tenha tudo. Deus se manifesta duas vezes em Jó. Nos dois primeiros capítulos, Deus deixa que Jó seja testado. À luz desse prólogo, entendemos a longa seção intermediária, a busca de Jó por Deus, como a busca de Deus por Jó. Mas Jó não conhecia os dois primeiros capítulos. Deus parece silenciar, como faz no Eclesiastes.

Nos cinco últimos capítulos de Jó, Deus fala desde o centro de uma tempestade. Nada na literatura universal é mais profundo que esse discurso. É o bastante para satisfazer Jó, o homem mais difícil de ser satisfeito. Porque Jó não é paciente. Jó tem pressa: «Mostra-me» (cf. Jó 6, 24). O que quer que se esconde nesses capítulos é suficiente para satisfazer o homem mais difícil de ser satisfeito acerca da questão mais difícil do mundo: o mistério do mal. Teria sido também o bastante para satisfazer o Eclesiastes se Deus tivesse lhe falado, mas Ele se calou.

Ou talvez o autor do Eclesiastes simplesmente estivesse surdo. Em Jó, Deus fala somente quando Jó se cala. O melhor dito de Jó é: «Aqui terminam os discursos de Jó» (Jó 31, 40). Como Eliú, um dos amigos de Jó, diz: «Pois Deus fala de uma maneira e de outra e não prestas atenção» (Jó 33, 14). Ou quiçá Jó tenha conseguido uma resposta por ser um servo sofredor, ao passo que o Eclesiastes é um mero filósofo. O Eclesiastes é como Sócrates; Jó é como Cristo.

Toda a Bíblia é revelação divina, discurso celestial. Mas Deus nunca fala diretamente no Eclesiastes. O Eclesiastes é só monólogo, jamais diálogo. Como pode ser uma revelação divina? É um monólogo inspirado. Deus na sua providência fez com que esse livro fosse incluído no cânon da Escritura porque isso também é revelação divina. É revelação divina precisamente na medida em que é ausência da Revelação. É como a silhueta do resto da Bíblia. É o que o bispo Fulton Sheen chamava de «graça negra» em vez de «graça branca», uma revelação através das trevas, não através da luz. Neste livro Deus nos revela o que a vida é quando Deus não nos revela o que ela é. O Eclesiastes enquadra a Bíblia como a morte o faz com a vida.

5. O resumo do Eclesiastes

A estrutura do Eclesiastes é muito mais concatenada, muito mais lógica do que parece à primeira vista. O livro parece divagar, andar sem destino, não ter qualquer dedução rigorosa; somente gotas de sabedoria aspergidas sobre o deserto como alguns pingos de chuva rapidamente absorvidos pelo solo seco, ou como uma colagem de fotos tiradas da escotilha de um navio que afunda.

No entanto, a errância do livro é deliberada, porque essa forma expressa perfeitamente o seu conteúdo, a sua mensagem: a vida vaga rumo a lugar nenhum. O Eclesiastes põe em prática o que prega. A sua forma é uma só coisa com a sua substância, como em toda grande poesia. A vida corre atrás da própria cauda? Muito bem, esse livro fará o mesmo. O seu começo e seu final são idênticos: «tudo é vaidade».

O Eclesiastes tem, ainda assim, lógica. Não é apenas um punhado de observações aleatórias. E seu argumento é dedutivo e demonstrativo, e não só indutivo e empírico. Embora o autor não tenha lido Aristóteles ou qualquer manual de lógica e não tenha querido dar ao seu livro a forma de um silogismo[6], o Eclesiastes é um silogismo,

---

(6) O *silogismo*, como o Autor explicará mais adiante, é a forma básica do raciocínio dedutivo, composta por duas premissas – a maior e a menor – às quais segue necessariamente uma conclusão. Exemplo: «Todos os homens são

simplesmente porque essa é a forma na qual a mente humana natural e instintivamente argumenta. Meu resumo do Eclesiastes em forma de silogismo não é um palimpsesto[7], uma releitura, mas um raio-X; não lhe impõe uma nova e estranha figura, mas revela a estrutura que já está lá: os ossos debaixo da carne.

O argumento do Eclesiastes é resumido nos primeiros três versículos, que são desenvolvidos em doze capítulos, e depois novamente sintetizado no final. Os primeiros três versículos são o livro inteiro em miniatura. O primeiro diz qual é o título e quem é o autor; o segundo, qual é a tese, a conclusão; o terceiro, qual é prova essencial dela.

> Palavras do Eclesiastes, filho de Davi, rei de Jerusalém. Vaidade das vaidades, diz o Eclesiastes, vaidade das vaidades! Tudo é vaidade. Que proveito tira o homem de todo o trabalho com que se afadiga debaixo do sol? (Ecl 1, 1-3)

6. O autor do Eclesiastes

O título do livro original são as suas primeiras palavras. (E assim os autores antigos superam em sabedoria

---

mortais (premissa maior). Pedro é homem (premissa menor). Logo, Pedro é mortal (conclusão)». (N. do E.)

(7) Palimpsesto é o nome dado a pergaminhos ou papiros que tinham o texto original raspado para que se pudesse escrever outro. Era uma prática recorrente nos tempos antigos, quando o material para escrever não era abundante. (N. do E.)

os editores modernos que trocam os títulos obsessivamente). O título não é Eclesiastes[8], o «Pregador», mas «As *Palavras* do Pregador». Não faz diferença quem realmente é esse «pregador». O que importa não é o cantor, mas sim a canção. Como Buda, o Pregador diz, «Não olhai para mim, mas olhai para o meu *dharma* [minha doutrina]».

Então, não precisamos tomar partido na controvérsia erudita acerca da autoria. A opinião da minoria é que o autor era literalmente o Rei Salomão, «o filho de Davi, rei de Jerusalém». A maioria pretende que o estilo e vocabulário do livro indicam fortemente outro autor. Não há provas, contudo. A crítica textual, assim como a medicina, não é uma ciência exata, embora muitos dos que a praticam ajam como se fosse. Essa opinião majoritária diz que o livro foi escrito séculos depois de Salomão, durante ou depois do exílio da Babilônia.

Ainda que essa visão seja verdadeira, não há, é claro, plágio ou tentativa de enganar. Era um artifício literário dos antigos judeus chamarem-se Salomão, (1) preservando assim humildemente o seu anonimato e (2) declarando a sua dívida para com seu mestre e modelo, o sábio ideal. Enquanto os autores modernos fazem alarde de si mesmos e da sua originalidade quando não passam de pigmeus e os seus livros são apenas velharias requentadas, os autores antigos tinham o costume oposto: faziam-se pequenos embora fossem grandes e afirmavam que seus livros eram tradicionais ainda que fossem inovadores. As modas mudam, e o que perma-

---

(8) O nome original do livro em hebraico é *Qohelet*, palavra tradicionalmente traduzida por «pregador». (N. do E.)

nece é a necessidade de termos cuidado com os rótulos modernos.

Já que precisamos dar algum nome ao autor, chamemo-lo de «Salomão»: um nome apropriado, seja literal ou simbólico.

A tese de Salomão, isto é, a sua conclusão, é tão óbvia que só não a vê quem está dormindo. Ela é afirmada cinco vezes no primeiro versículo (cf. Ecl 1, 2), exemplificada em doze capítulos, e então repetida mais três vezes no último versículo (cf. Ecl 12, 8). É a técnica do sermão dividido em três partes usada pelo pregador simples: «Primeiro, vou contar para vocês o que vou dizer. Depois, vou passar a minha mensagem. E, por fim, vou contar o que disse». Se você é capaz de perder essas três trombetas do apocalipse, você está numa situação pior do que quem dorme: você está morto.

A tese é a vaidade. E o que essa palavra significa? Não significa, claro, a «vaidade» de quem passa o tempo todo diante do espelho, que é puro narcisismo. Significa antes, «em vão», «inútil», «vacuidade». O vocábulo hebreu original passa a ideia de «vento», «ar». A vaidade do Eclesiastes é isso: correr atrás do vento, tatear nas sombras, procurar o final do arco-íris. Só que não há final do arco-íris. Não há uma finalidade (*telos*, um propósito), mas somente um fim (*finis*), ou seja, a morte. Aquilo de que mais precisamos no mundo – uma razão para viver e morrer – simplesmente não existe.

O escritor americano Archibald MacLeish, no poema «O fim do mundo» («*The End of the World*»), dramatiza esse horror assombroso. A imagem da vida como um circo absurdo é o ambiente que envolve o quadro:

Bem de repente, enquanto Rabelo,
o hábil ambidestro sem braços,
acendia um fósforo entre o dedão e o segundo
                              [artelho,
e o leão Rafa se dedicava a arrancar pedaços
do pescoço da marquesa, enquanto o tambor
soava, e Jaime escondia a tosse com uma mão,
ao som da valsa, segurando Joca pelo indicador –
bem de repente o teto veio ao chão.

E ali, ali em cima, ali, ali, dependurados,
aqueles mil rostos pálidos, aqueles olhos
                              [esbugalhados,
ali, no escuro sem astros, imóvel, impávido,
ali, com asas vastas pelo céu revogado,
ali, no negrume repentino, a mortalha anegrada,
de nada, nada, nada e mais nada.

Outro retrato aterrorizante do nada como substituto de Deus é a fala de um garçom espanhol no conto «Um lugar limpo e bem iluminado», de Ernest Hemingway:

Não se tratava de medo ou pavor, mas daquele nada que ele conhecia muito bem, um nada que estava em tudo e nos homens também. Era só isso, e bastavam a luz, a limpeza e um pouco de ordem para colocar tudo nos eixos. Alguns viviam num ambiente assim e nem se davam conta disso, mas ele sabia muito bem que tudo podia reduzir-se a *nada y pues nada y nada pues nada*. Nosso *nada* que estais no *nada*, *nada* seja o nome de vosso reino, venha a nós o vosso *nada*; seja feito o vosso *nada* assim no *nada* como no *nada*; o *nada* de cada dia nos dai hoje, perdoai-nos o nosso *nada* assim como perdoamos os nossos *nadas*; não nos deixeis *nada* no *nada*, mas livrai-nos do *nada*; pues nada[9].

O fundamento da questão é simplesmente este: sem Deus – não, não exatamente sem Deus, porque o autor do Eclesiastes fala constantemente dEle –, sem fé em Deus – não, nem isso, pois o autor tem fé em Deus e, de fato, uma fé que não questiona; jamais duvida da existência de Deus –, mas antes sem aquele tipo de fé que é maior que a própria vida e pela qual, portanto, vale a pena morrer e viver, sem a fé que significa confiança, esperança e amor, sem estar apaixonado por Deus, a vida é vaidade das vaidades, a sombra de uma sombra, um sonho dentro de um sonho.

Todo o assunto se resume numa palavra. É uma palavra que certamente chocará, ainda que venha de São Paulo. Ele a utilizou para descrever a sua vida sem Cristo, sua vida cheia de sucesso mundano, educação, riqueza, prestígio e privilégio. Paulo era o fariseu dos fariseus, tinha cidadania romana, fora educado pelo venerado rabino Gamaliel, «a luz de Israel». Mas antes que tivesse encontrado Cristo, que vida era a sua? Um lixo. Na verdade, ele diz literalmente esterco (Fil 3,8). Comparadas com a fé sobrenatural em Cristo Jesus, todas as maiores coisas deste mundo são, de acordo com São Paulo: esgoto, excremento, a montanha de esterco de Jó.

Essa é a mensagem do Eclesiastes para um cristão.

---

(9) Ernest Hemingway, *Contos – Volume 2*, 5ª ed., Bertrand Brasil, Rio de Janeiro, 2015. Tradução de J.J. Veiga.

O mais puro ouro é somente esterco sem Cristo. Mas com Ele, o mais vil dos metais é transformado no mais puro ouro. As esperanças da alquimia podem se realizar, não de maneira química, mas sim espiritual. Essa é a verdadeira pedra filosofal que transforma todas as coisas em ouro. Seu nome é Cristo. Com Ele, a pobreza é riqueza; a fraqueza, poder; o sofrimento, alegria; o desprezo, glória. Sem Ele, as riquezas são pobreza; o poder, impotente; a alegria, miséria; e a glória é desprezada.

Este é o maior paradoxo da vida. Salomão não conhecia a metade positiva dele, mas conhecia a negativa melhor do que qualquer um.

Surpreendentemente, essa é também a mensagem do mais famoso e teimoso ateu da literatura do século XX, especialmente no seu primeiro e maior livro. O escritor é Sartre, o trabalho é *A Náusea*, e o título diz tudo. Os grandes ateus merecem mais agradecimentos do que podemos lhes dar; eles nos mostram a face de Deus através da sua ausência mais clara e pungentemente do que os crentes o fazem através da sua Presença – como uma silhueta. Assim como a morte nos mostra a diferença que a vida faz, eles mostram a diferença que a presença de Deus faz. Costumamos valorizar uma coisa apenas depois de ela nos ser arrancada. Sartre diz em *O existencialismo é um humanismo*:

> Queremos dizer somente que Deus não existe, e que é preciso tirar, até o fim, todas as consequências disso. O existencialista se opõe firmemente a um certo tipo de moral laica que gostaria de suprimir Deus com o menor custo possível. [...] O existencialista, ao

contrário, pensa que é muito incômodo que Deus não exista, pois com ele desaparece toda possibilidade de encontrar valores em um céu inteligível; não pode mais haver bem *a priori*, pois não há consciência infinita e perfeita para pensá-lo; não está escrito em nenhuma parte que o bem exista, que é preciso ser honesto, que não se deve mentir, pois, precisamente estamos em um plano em que existem apenas homens. Dostoievski escreveu: «Se Deus não existisse, tudo seria permitido». Eis o ponto de partida do existencialismo [...] e por consequência o homem está desamparado, pois não encontra nele, nem fora dele, nenhuma possibilidade a que se agarrar [...]. Se Deus não existe, não encontramos diante de nós valores ou ordens que legitimarão nossa conduta[10].

7. Significados de curto alcance bastam?

Obviamente, nem tudo na vida é vão a curto prazo. Salomão sabia disso tão bem quanto qualquer um. Não é vão comer, já que a nutrição nos mantém vivos. Não é vão casar-se, porque isso mantém a raça humana viva e é fonte de prazer. Não é vão coçar uma picada de mosquito, porque alivia a coceira por um instante. Mas somente por um instante. Ah! Aí está a questão. O significado a curto prazo não compensa o despropósito a longo prazo.

---

(10) Jean-Paul Sartre, *O existencialismo é um humanismo* (1952), in: Jairo Marçal (org.), *Antologia de textos filosóficos*, Secretaria da Educação do Paraná, Curitiba, 2009. Tradução de Luiz Damon Moutinho.

Alguns acham que compensa. «Viva o momento! Quem precisa de um sentido a não ser os filósofos?» Porém, somos todos filósofos, a não ser que sejamos animais. Os homens vivem não só no presente, mas também no futuro. Vivemos pela esperança. Nossos corações estão uma batida na frente de nossos pés. Metade de nós já está no futuro. Encontramo-nos conosco mesmos vindo em nossa direção desde o Céu. A vida dos animais é como um arco que lhes vêm desde o passado; são determinados pelo passado. Eles são empurrados; nós somos puxados. Eles são forçados; nós somos livres. Eles são somente instinto, hereditariedade e ambiente; nós somos mais: somos pessoas.

Os deterministas[11] – desde Marx e Freud até B.F. Skinner –, que negam esse fato, insultam-nos infinitamente mais do que o pregador que grita desde o púlpito que somos pecadores. É um grande elogio dizer que alguém pecou. Somente um homem livre pode pecar. Os deterministas tentam tirar-nos o grande tesouro do pecado. Negam a nossa liberdade e, portanto, a nossa esperança, a nossa habilidade para viver não só segundo o passado determinado, mas também para o futuro que se abre adiante.

Faria sentido a curto prazo, mas é um despropósito a longo; finalidades no presente, mas inexistentes no futuro; esperança acerca das coisas, mas desespero sobre o Tudo – este é o retrato que o Eclesiastes pinta da nossa

---

(11) O *determinismo* afirma que o comportamento humano seria determinado por leis – sejam elas internas (as leis da fisiologia, os instintos, etc.) ou externas (os condicionamentos sociais, as leis do mercado, etc.) – sobre as quais o homem não possui controle. (N. do E.)

vida. Somos como caixinhas pretas que as lojas de brinquedos vendem. Servem simplesmente para iluminar, piscar, emitir barulhos divertidos e tremerem até a bateria terminar (a morte). Cada parte da caixa tem um propósito: cada parafuso, engrenagem e fio está lá para um propósito. No entanto, o todo é completamente sem sentido. Essa é uma imagem exata da vida humana segundo o mais sábio dos homens.

Não surpreende que não nos aventuremos a ler o Eclesiastes honesta e francamente. Não surpreende que, diante dele, chacoalhamos cabeça, pigarreamos e vamos embora. Mas uma pequena preocupação sombria penetrou no nosso inconsciente como um inseto. Será verdade? Não pode ser. Mas será?

Aí vai outra imagem do mesmo assunto. (Uma imagem vale mais que mil palavras.) Jesus quase nunca falou sem utilizá-las.

Imagine-se sentado por uns momentos próximo a uma ponte numa cidade até que o ruído do tráfego sobre ela repercuta na sua alma a ponto de ela parecer inevitável e eterna. De repente você se faz uma pergunta filosófica: Por que a ponte está aí? Resposta: Para levar as pessoas da periferia para o centro de manhã e de volta à tarde. Muito bem, e por que elas vão para o centro? Para trabalhar. No quê? Em vários empregos úteis. São policiais, enfermeiras, banqueiros, pedreiros, engenheiros, políticos, sapateiros, professores de matemática... E o que essas pessoas fazem? Os policiais regulam o tráfego de pontes. As enfermeiras cuidam de pessoas machucadas em pontes. Os banqueiros financiam a construção de pontes. Os pedreiros constroem pontes. Os engenheiros projetam pontes.

Os políticos autorizam a construção de pontes. Os sapateiros fazem sapatos para que pontes sejam atravessadas. Os matemáticos educam futuros engenheiros de pontes... Viu? É a caixinha preta de brinquedo, com a pequena diferença de que há mais engrenagens.

Mas não percebemos essa enorme ausência. Os nossos fones de ouvido nos mantêm tão cheios de barulho artificial que não escutamos o silêncio ensurdecedor no seio de tudo. Nossas cabeças estão preenchidas, mas nossos corações estão vazios. Se ousássemos ouvir «os sons do silêncio» como muitos existencialistas, ficaríamos apavorados como eles. Onde os antigos ouviam a música do cosmos, «a música das esferas», nós ouvimos «o silêncio eterno desses espaços infinitos» de Pascal, «que me enche de pavor»[12].

Mas nós precisamos ouvir este silêncio. Precisamos disso mais do que tudo no mundo. Kierkegaard escreveu: «Se eu pudesse prescrever somente um remédio para os males da modernidade, eu prescreveria silêncio. Pois ainda que a palavra de Deus fosse proclamada no mundo moderno, ninguém a ouviria; há muito barulho. Portanto, criai silêncio».

O Eclesiastes cria silêncio.

O Eclesiastes é o primeiro e necessário passo rumo à salvação do mundo moderno. O mundo não irá ao Divino Médico (a não ser nos seus próprios e cômodos termos) até que admita que está desesperadamente doente. «Não são os homens de boa saúde que necessitam de médico, mas sim os enfermos. Não vim chamar à conversão os justos, mas sim os pecadores» (Lc 5, 31-32).

---

(12) *Pensamentos*, III, 206.

O Eclesiastes é o livro que nós, os modernos, tememos mais do que qualquer outro, pois é um espelho que nos mostra um grande buraco, uma mancha negra, onde nosso coração devia estar. O microcosmo do eu tem um Buraco Negro assim como o macrocosmo do universo. O que poderia ser mais pavoroso que isso? Mais pavoroso do que encontrar no nosso íntimo, ao invés da fonte da vida, a da morte?

Pois a falta de propósito («vaidade») é a fonte da morte. Há uma morte pior do que a morte: a morte da alma; e as «almas mortas» (o terrível título do romance de Gogol) podem ser vistas em qualquer rua de cidade. A «vaidade» é a morte, de fato. Eternizada, é o Inferno. Os místicos e os pacientes ressuscitados que alegam ter vislumbrado o Inferno não dizem que viram um fogo físico ou demônios com tridentes, mas sim almas penadas vagando na escuridão, sem destino, esperança ou propósito. É uma imagem mais horripilante do Inferno do que o fogo com enxofre. E, o que é ainda mais horrível, é verdadeira. É aqui. Sentimos o cheiro nesse exato momento e tragamos as cinzas que se espalham nas nossas vidas.

O escritor Walker Percy sugere que a raiz da violência, especialmente do estupro e do assassinato, é essa sensação de vazio por dentro, a percepção de nós mesmos como espectros, fantasmas. A necessidade urgente de nos certificarmos da nossa própria realidade explode em dois sentidos óbvios: nenhum fantasma é capaz de criar ou destruir a vida através da força. Nenhum fantasma pode estuprar ou matar.

As crianças expressam o seu vazio através do comportamento destrutivo. E as gangues que se enfrentam hoje são as nações que fazem guerra amanhã. O que acontece quando alguém dá armas nucleares às gangues de adolescentes? A mídia é nosso fornecedor de drogas. Ela explora a nossa alma a nosso pedido. Ela nos serve, de modo que não podemos culpá-la mais do que o assassino pode culpar a sua arma. A mídia obtém a sua renda graças à nossa dependência da morte: violência, estupro, assassinato, promiscuidade, crime, drogas e álcool. Por exemplo, um estudo descobriu que somente um de dez filmes recentes adotavam uma visão crítica ao invés de positiva ou bem-humorada das drogas e do álcool.

Seria todo esse moralismo uma digressão, uma fuga pela tangente do Eclesiastes? Não. É a consequência da falta de sentido retratada no Eclesiastes na nossa vida, nossa própria «vaidade das vaidades», um circo de palhaços fantasiados, uma festa infeliz. Eclesiastes é um terror para o homem moderno porque olhando-se no espelho ele vê o pior dos pesadelos: *o homem sem face*.

8. O grande disfarce

Todo trabalho, tudo que fazemos, todas as aspirações humanas aqui «debaixo do sol», toda civilização, todas as artes e ciências, resultam, para a maioria das pessoas na maior parte do tempo, num esquecimento, um divertimento, uma dissimulação: uma série de fingimentos complexos que escondem essa simples verdade pavorosa. O Eclesiastes arranca a nossa máscara, e mergulha os nossos olhos delicados e relutantes neste abismo que cega. É uma revelação no sentido literal: um revelar, tirar o véu, descobrir. O Eclesiastes arranca o nosso disfarce.

O mundo é astuto ao encobrir essa verdade terrível com um sem número de entretenimentos e falsidades. Isso é assim porque, uma vez que a admitimos, nos encontramos numa encruzilhada em que somente duas estradas nos levam a algum lugar. Uma leva à religião com a qual o mundo nunca está confortável e que nunca entenderá, uma religião grande o bastante para preencher o buraco infinito do coração humano. A outra leva a um buraco de bala na própria cabeça, reflexo do buraco no nosso coração.

9. Cinco maneiras de esconder um elefante

Essa não é só a visão de Salomão acerca da nossa vida. É também a do mundo moderno, pois ele não tem resposta alguma à maior e mais óbvia das perguntas: Por que tudo existe? Para que estamos aqui?

A pergunta é tão grande quanto um elefante. Como esconder um elefante? A modernidade encontrou cinco maneiras.

1. A *diversão* é a primeira e mais eficiente maneira de esconder um elefante. É possível esconder um elefante com ratos, desde que estes sejam muitos. E assim nosso mundo está cheio de pequenas coisas, que desviam nosso olhar da grande coisa. Somos mantidos tão ocupados que não temos tempo para pensar.

2. A *propaganda* é a segunda. Já que o mundo moderno não tem a resposta para a maior das interrogações, ele a chama de nomes feios, como «abstrata», «metafísica», e até «religiosa», e, sobretudo, «um assunto particular» (e não venham me impor nada, por favor. Seria propaganda. Não! *Isso* é propaganda...). É como se a natureza do mundo real e dos nossos esforços por encontrar a verdade da vida que dividimos neste mundo fossem somente um sonho ou uma fantasia privada das nossas mentes.

3. A *indiferença* é a terceira maneira de ocultar um elefante. Alguém exclama: «Vejam! Um elefante!», e nós simplesmente bocejamos. Há um Deus, ou não há nada; em qualquer caso, há a morte. São três elefantes, e nós nos importamos mais com os ratos. Somos apaixonados por dinheiro, sexo e carreira, e indiferentes para o que tudo isso significa. Somos especialistas no acionamento, no motor ou em qualquer minúcia da caixinha preta, mas indiferentes ao todo e ao porquê.

4. A *busca da felicidade* – que a Declaração Americana de Independência considera um de nossos grandes e inalienáveis direitos, e que o famoso jornalista Malcolm Muggeridge ridiculariza como uma das mais idiotas ideias já propagadas – esconde o elefante sob o pretexto de que ele não parece nos fazer felizes. O elefante é «negativo», e nós deveríamos experimentar o poder do «pensamento positivo», do «eu estou bem, você também» e da autoaceitação. Deveríamos clamar «Paz! Paz!» quando não há paz, porque isso nos faz felizes. «Sim, querida, o Papai Noel existe», «não, querida, as pessoas

não morrem: somente vão embora» e «não, Virgínia, todos os estudiosos da Bíblia concordam que o temor de Deus *não* é o começo da sabedoria, mas uma superstição perigosa que precisa ser erradicada da mente dos jovens para que eles não deixem de ser cidadãos ajustados do Reino deste Mundo».

5. Finalmente, a ortodoxia filosófica reinante do *subjetivismo* cega o alfinete que poderia estourar o balão da felicidade, isto é, o alfinete da verdade, retorcendo a sua ponta sobre si mesma: «a verdade é aquilo em que você acredita», «o que é verdade para você, não é para mim». O melhor jeito de se ocultar um elefante é tapar os próprios olhos, brincar de esconde-esconde e contar infinitamente sem nunca procurar. Isso transforma a pergunta «Qual é o bem mais importante?» na pergunta «Qual é o *meu* conjunto de valores, a *minha* ordem de prioridades para a vida?» Reduzimos o Bem ao valor, o valor aos valores, e os valores aos valores subjetivos. E a ética fica então restrita a uma «discussão de valores». E então ousamos dizer a um estudioso honesto da vida, como Salomão (ou Moisés ou São Paulo): «Que direito você tem de me impor os seus valores?»

Por que dizemos tantos disparates? Por que transformamos elefantes em ratos e verdades cósmicas em preferências pessoais? Porque temos pavor de elefantes. Talvez não saibamos cavalgá-los; talvez nos esmaguem. Por isso, reduzimos o tamanho deles. É o que fazemos com o sexo, a religião e a filosofia. Há muitos elefantes na nossa selva; ainda não conseguimos enjaulá-los todos, não tivemos sucesso na desmitificação do mundo. *O admirável mundo novo*[13] ainda terá que esperar uma ou duas gerações.

10. O silogismo obsceno

O que farei agora é quase obsceno. Porei este horror – esta coisa tão terrível que temos que encobrir – dentro de um simples, limpo e perfeito silogismo. Lá vai:

Todo «trabalho» está «debaixo do sol».
E tudo «debaixo do sol» é «vaidade».
Logo, todo «trabalho» é «vaidade».

Como todo silogismo, este tem três termos: (1) «trabalho», (2) «debaixo do sol» e (3) «vaidade». Já vimos o que significa esta última: o grande vazio, a falta de sentido último.

«Trabalho», por sua vez, não significa só o pegar no pesado, mas sim qualquer atividade, todas as empresas humanas «debaixo do sol», todo estilo de vida, todo valor, todos os candidatos a sumo bem. Salomão testará cinco candidatos, cinco esforços, os cinco estilos de vida mais populares e universais – a sabedoria, o prazer, o poder e as riquezas, o altruísmo e a religião natural e convencional – e mostrará que todos são igualmente vãos.

---

(13) *O admirável mundo novo* é o título de um romance de ficção científica escrito pelo inglês Aldous Huxley (1894-1963). Nele, os seres humanos são programados geneticamente e condicionados psicologicamente a seguir as regras da sociedade. (N. do T.)

Por fim, vejamos o que significa «debaixo do sol». (Com que frequência as traduções modernas da Bíblia nos roubam grandes e memoráveis imagens de grandeza poética! Espero que a sua tenha preservado essa grandiosa expressão.) Trata-se, simplesmente, da natureza observável do mundo, do modo como as coisas são, dos fatos e apenas dos fatos. A câmera mental de Salomão plasma muitas fotos na sua chapa fotográfica verbal, e cinco características recorrentes se destacam nelas: a mesmice, a morte, o tempo, o mal, o mistério. Cada um desses traços contribui para a vaidade total. Labutar sob o sol é tentar achar uma linha reta no mundo que dá voltas, encontrar um absoluto num mundo que é relativo, descobrir um propósito num mundo que é despropositado. Já que todo trabalho está debaixo do sol (isto é: a vida inteira é envolvida pelo contexto deste mundo), e já que tudo sob o sol é vão, segue-se que todo trabalho é em vão. Toda a vida é vaidade.

11. Cinco trabalhos

«Trabalho», no Eclesiastes, é a nossa tentativa de encontrar ou criar sentido. «Trabalho» significa todas as pecinhas quadradas que tentamos encaixar no buraco redondo do «vácuo existencial», todas as bolinhas de gude que jogamos no Grand Canyon da falta de sentido num esforço necessário, mas nem sempre exitoso, de preenchê-lo. Trabalho é a busca por todos candidatos à posição de bem maior. Mas nenhum deles nesta vida é bom o suficiente para o cargo. Todos ficam aquém da

meta. Todo «trabalho» carece do «ganho» que esperávamos dele: não um «ganho» de dinheiro, mas sim um «ganho» de sentido.
Salomão menciona os cinco principais candidatos. Como em toda eleição, há também muitos candidatos menores concorrendo, que ele não menciona. São brilhantes, extravagantes e fora do alcance, e atraem somente alguns lunáticos. Poucas pessoas tentam encontrar o significado último da vida em coisas como amarrar longas faixas de plástico colorido em volta de pontilhões ou pequenas ilhas ou entrar no Livro dos Recordes por dançar sobre uma perna por mais tempo do que ninguém na história humana. Mas para a vasta maioria existem e sempre existiram cinco candidatos básicos, em todos os tempos, lugares e culturas. Os cinco que Salomão menciona são também os cinco que aparecem, por exemplo, nos clássicos do hinduísmo, nos diálogos de Platão, na *Ética* de Aristóteles, nas *Confissões* de Santo Agostinho, na *Consolação da Filosofia* de Boécio, no «Tratado da Felicidade» de São Tomás, nos *Estádios do caminho da vida* de Kierkegaard, no *Mal-estar na civilização* de Freud, em *A Náusea* de Sartre, e nos romances de escritores como Dostoievski, Hermann Hesse, Thomas Mann e Albert Camus. Mais importante que tudo, são cinco candidatos que nós e nossos amigos nos flagramos perseguindo na vida real.
São eles:

1. Sabedoria;
2. Prazer;
3. Riqueza e poder;

4. Dever, altruísmo, serviço social ou honra;
5. Piedade, religião.

Noutras palavras, uma vida de:

1. filosofia que nos preencha a cabeça;
2. prazer que nos preencha o corpo;
3. materialismo que nos preencha os bolsos;
4. ética que nos preencha a consciência;
5. religião que nos preencha o espírito.

Os primeiros três são o que Kierkegaard chama de «estágio estético da vida»: satisfação própria. (Ele classifica até a filosofia especulativa como «estética»: a satisfação da curiosidade). O quarto é o estágio ético, e o quinto ele chama de «religiosidade A», que é distinta do cristianismo. Eu existo para mim mesmo nos três primeiros, para os outros no quarto e para Deus no quinto.

Salomão testou cada um dos cinco e percebeu que lhes faltava sentido e felicidade, tanto numa completude objetiva quanto subjetiva. Ele nos diz o porquê. Ele não se limita a argumentar: ele experimenta. Ele vive cinco vidas e compartilha conosco os frutos da sua experiência.

1. Sabedoria

A questão de Salomão, lembre-se, é a maior das questões: qual é o bem supremo? O que é o *summum bonum*, a finalidade última, o objetivo, a meta, o valor ou o propósito da vida humana sobre a terra? Qual é o sentido da vida? O que é o verdadeiro sucesso, a verdadeira realização, a verdadeira felicidade? Como posso evitar que, mesmo conseguindo um «A» em todas as disciplinas, eu reprove na vida?

Como filósofo, Salomão naturalmente espera que isso seja a sabedoria, uma vez que a filosofia é o amor à sabedoria. Ele nos relata a história dessa tentativa e do seu resultado desastroso em Eclesiastes 1, 12-18:

> Eu, o Eclesiastes, fui rei de Israel em Jerusalém. Apliquei meu espírito a um estudo atencioso e à sábia observação de tudo que se passa debaixo dos céus: Deus impôs aos homens essa ocupação ingrata. Vi tudo o que se faz debaixo do sol, e eis: tudo vaidade, e vento que passa. O que está curvado não se pode endireitar, e o que falta não se pode calcular.
>
> Eu disse comigo mesmo: Eis que amontoei e acumulei mais sabedoria que todos os que me precederam em Jerusalém. Porque meu espírito estudou muito a sabedoria e a ciência, e apliquei o meu espírito ao discernimento da sabedoria, da loucura e da tolice. Mas cheguei à conclusão de que isso é também vento que passa. Porque no acúmulo de sabedoria, acumula-se tristeza, e o que aumenta a ciência, aumenta a dor.

Vemos a nuvem negra se aproximar no versículo 13, quando Salomão chama a busca da sabedoria de trabalho infeliz. Tristeza e sabedoria frequentemente andam juntas. Até Sócrates sabia disso quando perguntava no diálogo *Fédon*: «Não é a busca da sabedoria uma prática de morte?»; ou quando afirmava que «a filosofia é um ensaio para a morte».

Uma segunda nuvem negra vem quando ouvimos as palavras «Vi tudo o que se faz debaixo do sol». Somente Deus é capaz de suportar essa visão, somente a Eternidade pode ver tudo sem ficar entediada. Pior que a tristeza é o tédio. A tristeza não é necessariamente vã, mas o tédio sim.

A grande busca de Salomão pela sabedoria não foi ingênua ou unilateral, porque ele estudou também a loucura e a estupidez. O resultado mais terrível dos seus experimentos com a sabedoria e com a estupidez é que eles parecem ter o mesmo resultado: ambos lhe pareceram como uma corrida atrás do vento. A filosofia se mostrou tão estúpida quanto a estupidez.

A única sabedoria que Salomão aprendeu de suas experiências foi que em muita sabedoria há muitos incômodos, e aquele que fica mais sábio fica mais triste. Ele não é o primeiro a encontrar essa água amarga no poço da sabedoria, nem será o último. Pense nas pessoas que você conhece. Não é verdade que os que riem mais alto são, quase sempre, os mais superficiais e idiotas? E que os mais sábios são os mais sérios? É como se tivessem um ar mais pesado, por já sentir em cima de si a terra que cobrirá o seu caixão.

2. *Prazer*

Pois bem, se a alta cultura não tem o segredo da vida, talvez a baixa o tenha. Se o espírito não é capaz de me fazer feliz, talvez o corpo possa. Se um estilo de vida falha, tentemos outro: o seu oposto.

O prazer é a resposta mais simples, fácil, óbvia e promissora ao problema da felicidade. Porque «felicidade» e «prazer» muitas vezes aparecem quase como sinônimos. Os prazeres são acessíveis e é fácil desfrutar deles, ao contrário da sabedoria, que é uma meta longínqua e alta a que só se chega por uma estrada pedregosa. A sabedoria é o topo de uma montanha, e o prazer é uma planície. A sabedoria é misteriosa, ao passo que o prazer é claro. A sabedoria é uma bengala, enquanto o prazer é um avião.

Mas uma coisa o prazer não dá. Nem a Salomão, nem ao homem que teve tudo (especialmente ao homem que já teve tudo). Essa coisa é *propósito*.

Para aqueles de nós que *não* temos tudo, o prazer brilha como o farol de uma terra rica. «A grama é sempre mais verde no jardim do vizinho». Isto é uma das piores coisas acerca da pobreza: ela é enganosa. Quando você tem pouco, ainda pode acreditar na mentira de que ter mais o tornaria feliz. Mas o pobre riquinho Salomão tinha tudo, e a bolha estourou: a ilusão se fez em pedaços. Os ricos sabem por experiência que a abundância não traz felicidade, mas os pobres ainda acreditam na mentira. Esta é a principal vantagem das riquezas: elas não deixam o seu possuidor feliz, mas triste, porém sábio.

A experiência de Salomão com o prazer foi perfeita. Ele teve vinho, mulheres e música; jardins, piscinas, escravos e gado – uma verdadeira Disneylândia de divertimentos. E como acontece em muitos parques de diversões, a graça acabou rápido.

Eu disse a mim mesmo: Pois bem, eu te farei experimentar a alegria e conhecer a felicidade! Mas também isso é vaidade. Do riso eu disse: «Tolice», e da alegria: «Para que serve?» Ponderei seriamente entregar meu corpo ao vinho, mantendo meu coração sob a influência da sabedoria, e render-me à insensatez, para averiguar o que convém ao homem fazer debaixo do céu durante os dias contados da sua vida. Fiz obras magníficas: construí palácios para mim, plantei vinhedos, fiz jardins e parques onde plantei árvores frutíferas de toda espécie. Construí reservatórios de água para regar as árvores novas do bosque. Adquiri escravos e escravas, tinha criadagem e possuía muitos rebanhos de vacas e ovelhas, mais do que os meus predecessores em Jerusalém. Acumulei também prata e ouro, as riquezas dos reis e das províncias. Escolhi cantores e cantoras e todas as delícias dos homens, toda a abundância dos cofres. Ultrapassei e avantajei-me a todos quantos me precederam em Jerusalém, e a sabedoria permanecia junto a mim. Ao que os olhos me pediam nada recusei, nem privei meu coração de alegria alguma; sabia desfrutar de todo o meu trabalho, e essa foi minha porção em todo o meu trabalho. Então examinei todas as obras de minhas mãos e o trabalho que me custou para realizá-las, e eis que tudo era vaidade e correr atrás do vento, e nada havia de proveitoso debaixo do sol (Ecl 2, 1-11).

Todo hedonista sério conhece o resultado do experimento: o prazer inevitavelmente se torna cansativo, mais cedo ou mais tarde. Na filosofia grega, a busca do prazer logo se transformou na busca da *apatheia,* da apatia, da distância da dor e da paixão. Na modernidade, o esforço por obter prazer costuma transformar-se num vício: doses cada vez mais fortes são necessárias para aplacar a familiaridade e o tédio. E algumas vezes, bizarramente, isso se transforma no seu oposto: a busca da dor, o sadomasoquismo – qualquer coisa que alivie o tédio.

Os hedonistas são as presas dos vendedores. Estão disponíveis no mercado para qualquer coisa que possa aliviar o tédio. Esta é a razão por que o hedonismo e o materialismo são maus companheiros: um viciado não resiste às propagandas.

3. *Poder*

O poder é um desejo mais profundo que o de prazer, embora a maioria de nós não perceba. Este é o melhoramento que Alfred Adler[14] introduziu no «princípio do prazer» de Freud. Kierkegaard explica o motivo: «Se eu tivesse um empregado que, quando eu lhe pedisse um copo de água gelada, trouxesse os vinhos mais caros do mundo misturados num cálice, eu o demitiria, pois o verdadeiro prazer consiste não em que ele me traga vinho, mas sim que ele se dobre ao meu capricho».

Se temos poder, somos capazes de apertar o botão do prazer a qualquer momento. O poder é mais abrangente

---

(14) Alfred Adler (1870-1937) foi um psiquiatra austríaco, iniciador da chamada psicologia do desenvolvimento individual. Segundo essa escola, a vontade de poder é um dos determinantes básicos do comportamento humano. (N. do E.)

que o prazer porque inclui o domínio sobre o prazer. Somos mais ameaçados pela perda de poder ou de controle do que pela perda de prazer; por um pequeno inconveniente que não podemos controlar, como um *nylon* rasgado ou um carro que não dá a partida, do que por um grande inconveniente que enfrentamos voluntariamente, tendo domínio da situação. Uma pequena dor nos incomoda mais do que uma grande quando não é fruto de uma decisão livre. Nós, voluntariamente – e também felizmente –, corremos sob a chuva até a lanchonete a fim de comprar uma xícara de café para a pessoa amada. Nossos músculos cansados e nossos corpos suados são oferecidos como um martírio amoroso. Mas se um chefe insensível nos ordena a mesma coisa, amaldiçoamo-lo a cada passo do caminho.

Agostinho, nas suas *Confissões*, encontra o mais profundo e obscuro motivo do pecado no desejo de sermos tão poderosos como Deus, de estarmos acima da lei moral ao invés de abaixo. Por que ele rouba aquelas peras duras e amargas quando tinha dezesseis anos[15]? Por que Adão e Eva comem o fruto proibido? Para serem como Deus. Mas, como diz São Tomás de Aquino, se somos poderosos como Deus mas não bondosos como Ele, então não somos sequer poderosos como Deus, porque o Poder de Deus é uma só coisa com sua Bondade.

Nenhum judeu, à exceção de Jesus, jamais teve tanto poder quanto Salomão. Ele foi o monarca mais absoluto de Israel. O seu reino foi o topo da montanha da história de Israel. Nunca antes ou depois houve tantas riquezas e

---

15 Cf. *As confissões*, II, IV.

tanto poder econômico, militar e territorial. E, no entanto, isso também era vaidade.

Salomão não descreve o seu experimento com o poder como algo claramente distinto do seu experimento com o prazer, mas sim como parte dele (cf. Ecl 2, 8). A forma de que seu poder se revestiu foram as riquezas, a mais óbvia de todas. As riquezas podem comprar qualquer coisa. Infelizmente, ela não pode comprar nada que não tenha preço: o sentido, o propósito, a felicidade, a paz ou o amor.

Mas da própria deficiência do poder tiramos uma lição mais profunda sobre o sucesso. O poder tenta controlar as coisas e consegue, mas não é capaz de comprar ou controlar o sentido. O sentido, portanto, não é algo sob o qual temos influência. Ele é necessariamente livre. É necessariamente um dom. É necessariamente amor.

Mas espere. Estamos indo rápido demais. A resposta não está no Eclesiastes. Precisamos entender completamente o problema antes de entender completamente a solução. Então, para compreender completamente o amor, deixemos por um momento de pensar nele.

4. Ética

Salomão dá um grande passo rumo à meta quando abandona a tríplice busca pela vantagem egoísta – a satisfação da mente, do corpo e do bolso – e parte para um quarto e muito diferente experimento: o altruísmo, a filantropia, o serviço social, o esforço pelos outros, especialmente pela posteridade. Isso amplia bastante seu horizonte, faz crescer seu espírito e aumenta suas chances de encontrar sentido.

Dois homens juntos são mais felizes que um isolado, porque obterão um bom salário de seu trabalho. Se um vem a cair, o outro o levanta. Mas ai do homem solitário: se ele cair não há ninguém para o levantar. Da mesma forma, se dormem dois juntos, aquecem-se; mas um homem só, como se há de aquecer? Se é possível dominar o homem que está sozinho, dois podem resistir ao agressor, e um cordel triplicado não se rompe facilmente (Ecl 4, 9-11).

Mas até isso não é suficiente, e isso é talvez a lição mais chocante para a filosofia tipicamente moderna que pressupõe ser evidente que uma vida de serviço ao próximo é a maior sabedoria, o maior bem e a resposta autônoma e definitiva para o problema da vaidade. A razão pela qual isso não é o bastante é bem simples. Tudo que Salomão encontrou até agora são brinquedos fúteis. Como pode a soma de futilidades ser algo mais do que fútil? Multiplique zero por qualquer número e ainda terá zero. Se uma pessoa não sabe qual é o sentido da vida, como pode descobri-lo guiando outros até ele? Todos sabemos o que acontece quando os cegos guiam outros cegos: ambos caem no buraco. É muito bom que se prefira o altruísmo ao egoísmo, que se trabalhe pelo bem dos outros, mas o que é este bem? Só posso compartilhar o *summum bonum* depois que o encontro.

E, como Salomão sabiamente diz, que bem há em trabalhar para a posteridade se a posteridade é tola?

Também se tornou odioso para mim todo o trabalho que produzi debaixo do sol, porque devo deixá-lo àquele que virá depois de mim. E quem sabe se ele será sábio ou insensato? Contudo, é ele que disporá de todo o fruto dos meus trabalhos que debaixo do sol me custaram trabalho e sabedoria. Também isso é vaidade (Ecl 2, 18-19).

5. A religião convencional

A verdadeira religião seria de fato grande o suficiente para preencher o buraco no coração de Salomão. Mas a sua religião é meramente consensual, não é verdadeira. O conhecimento verdadeiro de Deus é a única resposta adequada para o grande problema do mundo. Mas o Deus de Salomão é o Deus do Iluminismo, um Deus da razão, e esse Deus é muito pequeno.

Salomão é honesto, e num certo sentido essa é a sua tragédia. Ele não mente para si mesmo. Sabe que o Deus da natureza e o Deus da razão exclusivamente humana, o Deus conhecido somente pela observação do que acontece sob o sol, é pouco mais que um *x*, uma quantidade desconhecida, uma vaga Causa Primeira[16], Aquele que está escondido por detrás de tudo. E o problema está aí: Deus estaria por detrás do que é bom e do que é ruim. Deus, como o universo, parece não ligar a mínima. «No dia da

---

(16) *Causa primeira*: é uma noção acerca de Deus que pode ser obtida mediante a razão e a observação do mundo. Baseia-se no argumento de que tudo o que existe é efeito de alguma causa e que é necessário existir uma causa primeira que não seja efeito de nenhuma outra. Essa causa é Deus. Filosoficamente, pode-se chegar à conclusão de que Deus é Uno, Simples, Verdadeiro, etc. Porém, como ficará claro mais adiante, essa noção de Deus, mesmo válida, não tem a riqueza que fornece a Revelação: um Deus Pessoal, Providente, Misericordioso, Pai, etc. (cf. *Catecismo da Igreja Católica*, ns. 51-67). (N. do E.)

felicidade, sê alegre; no dia da desgraça, pensa; porque Deus fez uma e outra, de tal modo que o homem não descubra o futuro» (7, 14).

Alguém até acreditaria ou temeria esse Deus, mas jamais o amaria. Esse Deus não é o *Abbá*, ou seja, o Pai, Papai, mas o padrasto, o pai ausente, que saiu para comprar cigarros e nunca mais voltou. Um Deus assim é somente «a Força» dos filmes da série *Star Wars*.

A observação da natureza mostra que não há preferência divina pelos bons rapazes. Brancos coelhinhos inocentes e recém-nascidos não costumam se dar bem quando atacados por um coiote ou por uma leucemia. A observação da vida humana não é melhor: os bons morrem jovens, e quanto melhor você for, maior as suas chances de ser martirizado. Os homens têm a tendência de assassinar não só os vilões, mas também os heróis, os muito bons e os muito maus. Isso não é tão comum entre as mulheres hoje, mas se as feministas radicais chegarem ao poder, as mulheres passarão a estar tanto quanto os homens nas duas pontas dos revólveres assassinos. O caminho mais seguro que Salomão encontra é o meio-termo: «Não sejas justo demais... Por que te destruirias? Não sejas excessivamente mau... Por que haverias de morrer antes de tua hora?» (7, 16-17)

Tal religião é tão tediosa quanto o mundo. É supérflua. Esse Deus está sempre longe, nunca perto. É uma coisa a ser conhecida, não uma Pessoa que possamos amar, ouvir e desejar. O Grande Desconhecido, não importa quão grande seja, não pode preencher o buraco dos corações ou das cabeças. Ele precisa ser conhecido. Mas essa história é o resto da Bíblia.

Todos os cinco candidatos a *summum bonum*, todos os cinco brinquedos debaixo do sol, todas as cinco coisas nas quais o homem espera, com as quais se entusiasma, e que podem constituir a razão do seu viver, são comprovadamente vãs. A razão é que todas estão sob o sol, e tudo sob o sol é vão. Por quê?

12. Cinco vaidades

Salomão dá cinco razões para a sua primeira premissa, nomeadamente, que tudo debaixo do sol é vão. Ele observa cinco características desse mundo e dessa vida que tornam tudo vão. Todas as cinco são onipresentes. Como o câncer, espalham-se por todos os cantos da vida. Bastaria uma dessas cinco características para eliminar todo significado, e a vida está infestada das cinco. São elas:

1. a mesmice e indiferença de todas as coisas;
2. a morte como um fim certo e definitivo da vida;
3. o tempo como ciclo de repetições infindáveis;
4. o mal como um problema perene e insolúvel;
5. Deus como mistério insondável.

1. Mesmice e indiferença

Fazemos juízos de valor. Preferimos uma coisa à outra: a vida à morte, a beleza à feiura, o bem ao mal. A natureza, porém, não os faz. A natureza é indiferente. Nas palavras do escritor americano Stephen Crane (1871-1900):

> Um homem disse ao universo:
> – Olá, eu existo!
> Todavia, o universo respondeu:
> – Em mim isto não cria o menor sentimento de obrigação.

Façamos uma pesquisa com o universo. Perguntemos-lhe a quantos organismos ele já deu vida. Suponhamos que a resposta seja x. Agora vejamos quantos organismos ele levou ou levará à morte. A resposta, de novo, seria x. O universo não tem preferências, mas nós sim. Nós não cabemos neste universo. A grande tragédia da vida não é que más coisas aconteçam, mas sim que elas aconteçam com as pessoas boas na mesma proporção do que com as pessoas más. A tragédia é que:

> Há uma sorte idêntica para o justo e para o ímpio, para aquele que é bom como para aquele que é impuro, para o que oferece sacrifícios como para o que deles se abstém. O homem bom é tratado como o pecador e o perjuro como o que respeita seu juramento (Ecl 9, 2).

> Nas minhas investigações debaixo do sol, vi ainda que a corrida não é para os ágeis, nem a batalha para os bravos, nem o pão para os prudentes, nem a riqueza para os inteligentes [isto é certo!], nem o favor para os sábios: todos estão à mercê das circunstâncias e da sorte (Ecl 9, 11).

O universo se parece exatamente com o Rhett Butler de *O vento levou*. Este é o rosto com que ele nos olha: «Francamente, minha cara, eu não ligo a mínima».

2. A morte

A morte é a coisa mais inconveniente da vida, mas também a mais óbvia – é como um elefante na cozinha. É também a razão mais forte pela qual a vida parece vã. Que vantagem há em investir em qualquer negócio de um país que está prestes a ser destruído?

Mas a morte é agora. Assim que nascemos, começamos a morrer. Estamos todos igualmente falidos. A diferença é que a falência de alguns ainda não foi declarada: a da pequena e arrogante oligarquia dos vivos, que está cercada pela democracia dos mortos, muito mais populosa.

Qual o sentido da morte? Eis aqui tudo o que a razão humana baseada na observação da vida sob o sol é capaz de responder:

> Porque o destino dos filhos dos homens e o destino das bestas é o mesmo: um mesmo fim os espera. Do mesmo modo que morrem os homens, assim morrem também as bestas. [...] Todos caminham para um mesmo lugar, todos saem do pó e para o pó voltam. Quem sabe se o sopro de vida dos filhos dos homens se eleva para o alto, e o sopro de vida dos brutos desce para a terra? (Ecl 3, 19-21)

Quem sabe, de fato? Aqui, debaixo do sol, ninguém. A não ser que aparecesse por aqui, sob o sol, um homem que veio de além do sol e da morte – a não ser que víssemos o Ressuscitado. Mas Salomão ainda não tinha visto este Homem, mas somente o homem de pó, feito de barro, não o homem do Céu; e o que diz acerca do homem de pó, o primeiro Adão e todos os seus descendentes, é uma simples verdade. Como Pascal disse nos seus *Pensamentos*: «o final é horripilante, não importa o quão bom tenha sido o resto da peça. Despejam um pouco de pó sobre a tua cabeça, e isto é o fim, para sempre. Isto é o que espera a vida mais ilustre deste mundo».

Dizem que Alexandre, o Grande, ordenou que o enterrassem com o braço nu pendurado para fora do caixão e a mão vazia, para mostrar a todos que o homem que havia conquistado o mundo o deixava como tinha entrado: sem nada. «Nu saí do ventre de minha mãe; nu voltarei» (Jó 1, 21). Sob as roupas desta vida se esconde um cadáver nu.

Assim como um argumento ganha força por conta da sua conclusão, a força de uma história está no seu final. Se a morte é, como parece ser, o término definitivo, então a história da vida é a vingança da vaidade. O cosmos geme de dores de parto evolutiva por nossa causa, e não passamos de um aborto cósmico.

3. O tempo

O tempo é vaidade porque é sinônimo de morte. O tempo é um rio que nos tira tudo que nos deu. Nada permanece: o tempo devasta até mesmo as estrelas.

Não há progresso? O tempo caminha para alguma direção? Somos personagens de uma história? Não, se a observação do que se passa sob o sol nos conta a verdade acerca do tempo, existem apenas ciclos: «um tempo para nascer e um tempo para morrer... tempo para plantar, e tempo para arrancar o que foi plantado [...] Que proveito tira o trabalhador de sua obra?» (3, 2.9). «Não há nada de novo sob o sol». Não há nenhuma Boa Nova, nenhum Evangelho. O progresso é um mito, e a evolução, se não é mais um, é um segmento temporário de um processo cósmico muito mais vasto. Levar a sério o mito do progresso é como acreditar que você está subindo uma montanha quando na verdade está passando por cima de um formigueiro na descida.

Se o tempo é vão, então a vida é vã, pois toda vida é temporal. O tempo é característica fundamental e insuprimível de toda a nossa experiência sob o sol, tanto espiritual quanto física, pois pensar leva tempo, assim como agir. Nossas almas estão no tempo exatamente como nossos corpos, embora não estejam no espaço.

Porém, apesar dessa vaidade onipresente e inescapável do tempo, há uma luz de esperança, uma fresta no muro da prisão, um versículo em que Salomão abre uma janela para o outro mundo, como as portas que levam a um mundo fantástico nos contos de fada. Depois de lamentar os ciclos sem sentido do tempo, ele diz que: «todas as coisas que Deus fez são boas, a seu tempo. Ele pôs, além disso, no seu coração a *duração inteira*» (3, 11).

Nós experimentamos somente o tempo, e no entanto desejamos a eternidade, a duração inteira. Por quê, pelo amor de Deus? Onde aprendemos sobre isso que se chama eternidade para que possamos desejá-lo? Se a nossa existência é completamente emoldurada pelo tempo, por que não nos sentimos em casa dentro dele? Por acaso os peixes reclamam da água por estarem molhados? Nós, contudo, reclamamos do tempo. Nunca há tempo para tudo. O tempo, nosso *habitat* natural, é hostil.

Talvez exista a terra. Talvez um dia não sejamos meros peixes ou não o seremos para sempre. Talvez – mais que talvez. Desejos inatos são sinais de objetos reais. Se há fome, há comida. E há uma fome inata de eternidade.

Mas este alimento não pode ser encontrado debaixo do sol. Salomão nos indica o que é e onde está o sentido da vida mostrando, por contraste, o que ele não é e onde não está. Há mais coisas entre o Céu e a terra do que é sonhado por todas as filosofias. Isso é o anúncio da esperança. O mensageiro da esperança se infiltrou inclusive nos castelos da morte. Nosso desejo de eternidade, nosso divino descontentamento com o tempo, é o mensageiro da esperança.

4. O mal

O problema do mal, da injustiça, dos sofrimentos dos inocentes, de coisas que acontecem com pessoas boas, é o mais antigo dos quebra-cabeças e o mais forte dos argumentos contra a crença na Bondade de Deus e na bondade da vida.

Há outra vaidade que aparece sobre a terra: há justos aos quais acontece o que conviria ao proceder dos maus; e há ímpios aos quais acontece o que conviria ao proceder dos justos (Ecl 8, 14).

Debaixo do sol, observei ainda o seguinte: a injustiça ocupa o lugar do direito, e a iniquidade ocupa o lugar da justiça (Ecl 3, 16).

Pus-me então a considerar todas as opressões que se exercem debaixo do sol. Eis aqui as lágrimas dos oprimidos e não há ninguém para consolá-los. Seus opressores fazem-lhes violência e não há ninguém para os consolar (Ecl 4, 1).

«Sempre tereis convosco os pobres», disse Jesus (Jo 12, 8). Vinte séculos não resolveram o problema, nem os próximos vinte o resolverão. O tempo não é solução alguma para o mal. Nada debaixo do sol é.
Até mesmo um pouco de mal parece bastar para destruir um monte de bem. «Uma mosca morta infeta e corrompe o azeite perfumado; um pouco de loucura é suficiente para corromper a sabedoria» (10, 1). Um búfalo numa loja de porcelana, o dedo de um louco numa pistola ou num botão de uma arma nuclear, uma palavra mal escolhida, uma infidelidade, são capazes de arruinar uma vida inteira. O bem é refém do mal. E isso também é vaidade.

5. Deus

Há sentido em Deus, afinal?
Sim, mas não no Deus de Salomão, não no Deus conhecido exclusivamente pela razão, não na «natureza e

no Deus da natureza». Esse Deus consiste simplesmente numa coisa e não numa pessoa. É uma peça da máquina celestial, a Primeira Causa ou o Grande Arquiteto por trás da ordem da natureza. Se tudo o que sabemos de Deus é o que aprendemos da natureza, podemos concluir cinco coisas:

1. Deus existe;

2. Deus é poderoso o suficiente para fazer o mundo;

3. Deus é inteligente o suficiente para organizá-lo;

4. Deus talvez tenha sentido estético suficiente para criar a beleza do mundo, uma grande obra de arte;

5. Deus, porém, não seria bom, amoroso, nem mesmo justo. Talvez Ele também não se preocupe com a vida dos homens. Não há evidência debaixo do sol para afirmarmos o contrário, que é o que realmente importa, o que faria Deus deixar de ser «a Força» para ser «o Pai». Somos pequenas crianças apavoradas, perdidas numa floresta assombrada, e precisamos de um *Abbá* – quer dizer: de um Pai –, não de uma Força ou uma Causa Primeira. Não necessitamos de um Deus chamado *x*, mas de um Deus chamado Jesus.

O Salomão do Eclesiastes não é tolo. Portanto, não diz no seu coração: «Não existe um Deus» (cf. Sl 13, 1). Mas também não é filho de Deus. Deus não é seu pai, mas seu alvo, seu Desconhecido. «Considera as obras do Senhor: quem é capaz de endireitar o que Ele fez curvo?» (7, 13)

O Deus da natureza deixa tumores cerebrais aparecerem na cabeça de bebês. As reações mais piedosas para este fato são o agnosticismo e a humildade intelectual:

> Verifiquei, em toda a obra de Deus, que o homem nada pode descobrir do que se faz debaixo do sol. Ele se fatiga a investigar, mas não encontra, e se mesmo um sábio pensasse ter alcançado, isso não aconteceria (Ecl 8, 17).

> Do mesmo modo que não sabes qual é o caminho do sopro da vida, e como se formam os ossos no seio de uma mãe, assim também ignoras a obra de Deus que faz todas as coisas (Ecl 11, 5).

É possível acreditar em Deus e ainda assim desesperar, e ainda assim desconhecer a razão da própria existência? Com certeza. É o que acontece com Salomão. Porque seu Deus é como a lua: está lá, mas não aqui; controla as marés da sua vida, mas evita qualquer relação pessoal, muito menos um encontro face a face, como o que tem com Jó. O Deus de Salomão não tem um rosto: Ele é puro Ser, somente «Sou», e não «Eu sou». A epistemologia de Salomão é puramente naturalística; e a natureza é apenas as costas de Deus. A Escritura, por sua vez, é a boca de Deus, e Jesus é o seu rosto. O Eclesiastes é a silhueta perfeita de Jesus, o duro contorno de trevas que a face de Jesus preenche.

13. A necessidade de uma resposta: três portas demoníacas

É imprescindível que escapemos da conclusão do Eclesiastes de alguma maneira. É fundamental refutar a vaidade de maneira absoluta e definitiva, exorcizar o mais terrível de todos os demônios.

Há três portas pelas quais este demônio pode entrar nas nossas vidas. Uma é a porta emocional, psicológica, ligada à depressão. A outra é uma porta central, espiritual, que não tem nome mas é o oposto da fé. Seu nome não é dúvida, porque a fé grande pode coexistir com a dúvida, como em Jó. Também não é simplesmente a falta de fé ou quase-fé, que podem ser sinais de uma procura, e «quem busca, acha» (Mt 7, 8). É antes uma espécie de anti-fé que encontramos em ateus como Sartre e Nietzsche, que se ocupam tanto com a suposta irrealidade de Deus quanto os santos com a sua realidade. E existe ainda uma terceira porta, racional, intelectual, filosófica, argumentativa e cheia de explicações. E esta é a porta que o Eclesiastes abre.

É igualmente necessário trancar as três portas. A psicologia tem a fechadura para a primeira porta. A religião tem uma ainda mais potente para a segunda, que é a porta central. Mas a filosofia também precisa ter uma tranca para a sua porta, a terceira. A psicologia não pode utilizar a barra da filosofia, argumentos racionais, para lutar contra a depressão. A religião não pode usar meras técnicas psicológicas para curar as almas, embora nossa época esteja cheia de tolos que tentem fazer isso. Os psicólogos podem remover os sentimentos de culpa, mas somente Deus pode remover a culpa real. E a filosofia não pode trancar a sua porta com barras não-racionais, não-filosóficas, sejam essas barras sub-racionais, suprarracionais ou irracionais. Ainda que a fé religiosa seja bem maior que a razão, ela não a substitui. E somos animados pela própria fé a «dar a razão da nossa esperança» (cf. 1 Pe 3, 15).

Ninguém *quer* admitir a conclusão de Salomão de que «tudo é vaidade». Mas não podemos simplesmente dizer que não concordamos. Salomão nos deu belas razões para acreditar nisso. Ele construiu uma argumentação forte, um edifício forte. Precisamos derrubá-lo, ou seja, refutar o seu argumento.

Acredito que Deus quis que este livro estivesse na Bíblia precisamente para esse propósito. Deus pratica o método socrático em nós, dando-nos uma pergunta, um desafio, e exigindo de nós uma resposta. A vida faz isso conosco. Perguntamos: «Qual é o seu sentido?», e a vida responde lançando-nos desafios que por sua vez exigem resposta. A vida pergunta para *nós*: «Qual é o *seu* sentido?» Adão, depois da Queda, quis saber onde estava Deus, e Deus, ao invés de responder, perguntou-lhe: «Onde estás?» (Gn 3, 9). Jó procurou Deus esperando encontrar todas as respostas, mas quando Deus aparece, é Ele que pede respostas a Jó (cf. Jó, 38). Os místicos dizem que o Ser de Luz que veem lhes pergunta uma questão, embora usualmente sem palavras. Algo como: «Conta-me como foi tua vida. Eu sou a Luz. Aproxima-te da luz».

14. Regras para responder

Quando respondemos, queremos algo mais do que apenas dividir nossos sentimentos ou opiniões. Isso é infantil; não passa de um «desabafo», de «pôr para fora». Nós não queremos só pôr algo para fora, mas também pôr algo para *dentro*: a verdade. Não queremos apenas expressar a nossa opinião, mas também deixar a verdade imprimir-se em nós. Não almejamos simplesmente exteriorizar o que está dentro de nós, mas também interiorizar o que está fora: aprender a verdade, descobrir se o Eclesiastes fala a verdade. Isso se formos honestos conosco mesmos.

Há somente três maneiras de se refutar um argumento. Isto não é negociável, nem fruto de um consenso, nem mutável, nem uma regra humana feita para um jogo humano. A situação é inerente à razão. Não foi Aristóteles quem a inventou, mas Deus.

Um argumento – qualquer argumento – tem três ingredientes, e o defeito pode estar em qualquer um deles. Mas existem somente três. Um argumento é composto de proposições, afirmações, juízos. Estes, por sua vez, são compostos de termos (palavras ou expressões). Um argumento é construído com esses tijolos como se fosse um prédio. Cada proposição é como um andar do prédio, e os termos são os cômodos. Cada argumento é um prédio de três andares (se é um silogismo, a forma mais natural e comum de argumento e que é a encontrada no Eclesiastes). Os andares são chamados de duas «premissas» e uma «conclusão». A conclusão é como o último andar, e é a meta da construção do edifício. Cada andar tem dois cômodos, chamados de sujeito e predicado. E assim um argumento silogístico se parece com isso:

SUJEITO	PREDICADO
Conclusão	
SUJEITO	PREDICADO
Premissa menor	
SUJEITO	PREDICADO
Premissa maior	

(Argumento)

As três coisas que precisam estar corretas são:

1. Os termos precisam ser unívocos, isto é, não pode haver ambiguidade;
2. É necessário que as premissas sejam verdadeiras;
3. O argumento tem de ser lógico.

Então, há três coisas que podem estar erradas num argumento:

1. Os termos podem ser ambíguos;
2. As premissas podem ser falsas;
3. O argumento pode não ser lógico.

O argumento básico do Eclesiastes é este:

Todo «trabalho» está «debaixo do sol».
E tudo «debaixo do sol» é «vaidade».
Logo, todo «trabalho» é «vaidade».

Se nos aventuramos a refutar esse argumento, devemos encontrar nele uma dessas três coisas:

1. um termo ambíguo;
2. uma premissa falsa;
3. uma falácia lógica.

Mas se nenhum termo é usado de maneira ambígua, e não há qualquer falácia lógica – a conclusão segue logicamente das premissas. É preciso, portanto, encontrar uma premissa falsa.

Há somente duas premissas: que todo trabalho, toda obra humana, está sob o sol, e que tudo que está sob o sol é vaidade, pelas razões dadas. Ora, existe algum trabalho que não esteja sob o sol? Há alguma atividade humana que não esteja confinada a esta terra? O que fazemos aqui? Não construímos um reino eterno? Tudo perecerá? O poeta William Butler Yeats escreve sobre uma garotinha contemplando as ondas destruírem castelos de areia numa praia da Normandia e, pensando nas grandes civilizações que surgiram e decaíram ali, lamenta-se: «Não sobrará nada?»

Mas nós permaneceremos. Construímos o nosso próprio ser com cada decisão que tomamos, como estátuas esculpindo suas formas com o cinzel da liberdade. E essas personalidades, almas e caracteres são destinados à eternidade. Nós somos o Reino dos Céus. Nós somos a resposta de Salomão. Mas essa resposta não ficou clara até que se tivessem passados séculos depois de Salomão. E o que a esclareceu foi o paradoxo mais chocante, «o paradoxo absoluto», diz Kierkegaard: a eternidade adentrou o tempo,

Deus fez-se homem, participou da vida do homem de modo que o homem pudesse participar da vida de Deus. O Eclesiastes é a questão para a qual Cristo é a resposta. E a segunda premissa? Salomão experimentou as cinco maneiras mais conhecidas de buscar a felicidade, mas acaso não resta algo que não foi testado? Não há mais nada debaixo deste sol que não seja vão? O próximo livro da Bíblia, também trazendo o nome de Salomão, fornece a resposta. Salomão experimentou o prazer, e noventa ou novecentas esposas, mas não o amor. No Cântico dos Cânticos, somente uma é amada por Salomão. Uma é capaz de dar algo que muitas não conseguiram: um sentido maior que a vaidade da vida. Amor, o verdadeiro amor, *ágape*, a caridade, a entrega total de si, é a única coisa nesta vida sob o sol que é mais forte que a morte, que tem gosto de eternidade, que tem o privilégio exclusivo de nunca se entediar e que se torna mais realizador à medida que se pratica. O amor é infinito, pois Deus é amor. O amor é também a verdadeira sabedoria. Os tolos dizem que o amor é cego. Mas Deus é amor; Deus é cego? Algo aí está errado. No Eclesiastes, Deus não é amor. No Cântico dos Cânticos, o amor não é cego.

15. Mais uma resposta ao Eclesiastes: a interrupção divina

A razão mais profunda que Salomão dá para a vaidade é a própria natureza do tempo como algo cíclico. E todas as quatro grandes obras divinas reveladas na Bíblia quebram o ciclo e introduzem uma novidade radical, algo que vem de fora do tempo, uma coisa que tem origem antes na eternidade do que no passado, e portanto algo completamente inédito: a Criação, a Encarnação, a Ressurreição e o Juízo Final. Eis aí uma novidade debaixo do sol porque vem de além do sol. Aí estão a esperança e o sentido, embora misturadas com o terror. Aí está a verdadeira transcendência.

16. O adendo

Os últimos seis versículos do Eclesiastes – esta é a opinião da maioria dos estudiosos – foram escritos por um segundo autor, o livro original terminando no versículo 8 do capítulo 12: exatamente onde havia começado, com «vaidade das vaidades, tudo é vaidade». O segundo autor acrescenta a resposta ortodoxa à questão salomônica, a resposta que o resto do Antigo Testamento dá, nos últimos dois versículos:

> Em conclusão: tudo bem entendido, Teme a Deus e guarda seus mandamentos, pois este é todo o dever do homem. Pois Deus julgará toda obra, com cada um de seus segredos, seja boa ou má.

Os outros trinta e oito livros do Antigo Testamento são resumidos nestes dois últimos versículos. Aí está, com efeito, o sentido e o propósito da vida, pois o temor de Deus é o começo da sabedoria (cf. Prov 9, 10). Mas não é o fim.

O temor de Deus é o início da sabedoria, e portanto pertence aos princípios, e é percebido nas primeiras horas frias da aurora da civilização: o poder que sai da barbárie e, montado num redemoinho, destrói os deuses de pedra; o poder que existia antes que as civilizações do Oriente houvessem se prostrado no chão como um pavimento; o poder diante do qual os profetas primitivos corriam nus e gritavam, proclamando o seu deus e fugindo dele ao mesmo tempo; o medo que é legitimamente o fundamento de toda religião, verdadeira ou falsa; o temor de Deus, que é o começo da sabedoria, mas não o seu fim[17].

17. Conclusão

O Eclesiastes é um livro luminoso sobre a vida. Brilha precisamente na sua escuridão vertiginosa. É sobre a vida exatamente porque confronta a morte com honestidade e crueza. É um grande, grande livro porque explora, com profundidade e coragem, uma grande, grande pergunta: Para que serve a nossa vida aqui debaixo do sol?

Essa é a principal das questões deste mundo. O único livro maior do que este teria que ser o que respondesse a maior das interrogações – um livro como o próximo da Bíblia, o Cântico dos Cânticos. O filósofo põe a questão, mas é o amante que dá a resposta. A cabeça encontra o problema, mas o coração canta a solução.

---

(17) G.K. Chesterton, *São Tomás de Aquino.*

No Cântico dos Cânticos, a vida é vista como uma serenata. As nossas vidas são notas de uma música grandiosa, uma harmonia cósmica, uma «música das esferas», e o assunto da canção é o amor porque o seu cantor é Deus – a nossa história é a História dEle – e Deus é amor. Mas essa é outra história. E o caminho até ela passa por Jó.

Jó:
A vida como sofrimento

Não é necessário dizer que Jó é um dos maiores livros já escritos: uma obra-prima, um clássico de todos os tempos. É terrível e esplêndido, terrivelmente esplêndido e esplendidamente terrível. É fascinante, encantador, provocantemente misterioso, terno, e ainda assim poderoso como uma marreta. Ele tem a rara capacidade de transformar-se numa obsessão.

Embora seja de um mistério insondável, o livro de Jó é ao mesmo tempo simples e óbvio na sua principal lição, que está bem na superfície da resposta de Deus a Jó ao final. É preciso se esforçar muito para perder a mensagem. Se Jó trata do problema do mal, então a sua resposta a esse problema é que *nós não sabemos a resposta*. Não sabemos o que os filósofos desde Platão vêm tentando – com tanta diligência, mas sem muito resultado – nos ensinar: por que coisas ruins acontecem com pessoas boas. Jó não entende esse fato da vida, e nós também não. Identificamo-nos com Jó, não no seu conhecimento, mas na sua ignorância.

O livro de Jó é um enigma em resposta a outro enigma. O enigma que a obra responde é o problema mais profundo da vida, o problema do mal, do sofrimento, da injustiça num mundo que é governado por um Deus justo. Este Deus, no entanto, não é uma formulazinha exata, luminosa e áspera, mas sim um mistério. Ele é o Deus de quem o rabino Abraham Heschel disse: «Deus não é legal. Deus não é um tio. Deus é um terremoto». Podemos ou não apreciar um Deus que é antes um terremoto do que um tio, mas nossos gostos pessoais não alteram a realidade. Se hesitamos em aceitar o Deus de Jó (e do resto da Bíblia), é a nossa pele que está em jogo e não a de Deus. O universo não titubeia quando nós titubeamos.

Jó é um mistério. E o mistério satisfaz algo que não é precisamente a nossa razão. O homem frio e calculista que todos temos dentro se sente repelido pelo drama de Jó, assim como Jó repeliu os seus três amigos racionalistas (cf. Jó 2, 11 e segs.). Mas o livro de Jó satisfaz e nutre em nós algo mais profundo do que a mera razão. Jó não é uma sopa rala e suave ao paladar, mas como um caldo espesso e forte. E ele gruda nas nossas costelas. Quando lemos Jó, somos como crianças pequenas comendo espinafre: «Abra a boca e feche os olhos». Jó, como o espinafre, não é doce. Mas é o que põe ferro no nosso sangue.

A força de Jó é como a força da língua hebraica. O filósofo suíço Max Picard (no seu livro *O mundo do silêncio*) a descreveu como extremamente limitada mas incrivelmente concentrada – como um raio laser –, capaz de dizer apenas algumas coisas, mas como se as proclamasse com uma trombeta. As suas palavras são como grandes colunas mergulhadas uma por uma no solo. Verticais, ligam o Céu à terra como a única Palavra de Deus, Cristo Jesus.

Eu jamais teria entendido Jó sem a ajuda de dois gigantes: J.R.R. Tolkien e Martin Buber[18]. É claro que ainda não entendo tudo, mas agora sou capaz de me aproximar do livro e não de outra coisa que imagino ser o livro.

Tolkien foi o principal tradutor do livro para a versão inglesa da Bíblia de Jerusalém[19], enquanto Buber foi o autor de uma sugestão que é a chave para a porta mais misteriosa de Jó. Deixe-me explicar brevemente cada uma dessas contribuições.

Da primeira vez que li Jó na tradução da Bíblia de Jerusalém não sabia que Tolkien era o responsável pelo texto. Só depois da experiência incrível de ver o livro ganhar vida na minha frente descobri que o abridor de latas era aquele que eu sempre havia considerado um dos maiores contadores de histórias de todos os tempos. Certamente, nada desde a *Divina Comédia* é comparável ao *Senhor dos Anéis*, à exceção de *Paraíso Perdido*, de John Milton.

---

(18) Martin Buber (1878-1965) foi um filósofo austríaco e israelense. Oriundo de uma célebre família de rabinos, a principal tese de Buber aparece no seu livro *Eu e Tu* (1923), em que sublinha o caráter dialógico da existência, propondo-a como um encontro entre um «eu» e um «tu»; nesse contexto, descreve Deus como o «Tu absoluto». (N. do E.)

(19) A *Bíblia de Jerusalém* é uma rigorosa edição da Sagrada Escritura com base no trabalho dos académicos da Escola Bíblica de Jerusalém, um centro de estudos bíblicos e arqueológicos fundado na Terra Santa pelos dominicanos em 1890. (N. do E.)

Junto com a *Eneida*, a *Ilíada* e a *Odisseia*, estas seis obras formam uma classe de épicos à parte.

Mas preciso agradecer ainda mais a Martin Buber por ter posto na minha mão a chave de ouro que abriu a porta central, o núcleo do livro, e é a solução principal para o enigma principal. Mais do que isso, essa chave abre um dos segredos mais profundos da teologia – tanto, e talvez mais, da teologia cristã como da própria teologia judaica de Buber – ao resolver o quebra-cabeça do nome autorrevelado de Deus, da essência de Deus tal como é em Si mesmo, e não só na sua relação conosco. E tudo isso foi feito de uma maneira desconcertante e inesperadamente simples. A chave de leitura de Jó está no versículo 14 do terceiro capítulo do Êxodo.

Mas nesse ritmo eu adiantaria o assunto. Não falarei mais sobre essa solução, porque antes convém tratar do problema. É preciso começar do início, com as questões tremendamente perturbadoras levantadas pelo livro de Jó. Não me refiro, é claro, a disputas eruditas (quem escreveu, por que motivo, quando, onde e assim por diante), mas aos problemas vitais, isto é, aos nossos problemas, que o livro apresenta. Quais são?

O livro de Jó é como uma cebola: quanto mais você descasca, mais camadas encontra. Na verdade, o livro de Jó é maior por dentro do que por fora – como um ser humano, e também como o estábulo de Belém e o ventre de Maria. Com certeza ele levanta muitos outros problemas e camadas de problemas, bem mais que os quatro que eu enxergo. Mas esses quatro estão lá e são um começo, um empurrão para que depois você, leitor livre e independente, possa encontrar mais coisas por conta própria.

1. O «problema do mal»

Se o Eclesiastes nos faz a pergunta mais importante de todas – o sentido da vida –, o livro de Jó levanta *o* problema, o problema dos problemas. Por que o mal existe se o universo foi criado por um Deus infinitamente bom e poderoso? São Tomás de Aquino formula o problema com uma brevidade admirável: «Se um de dois contrários é infinito, é impossível que ambos existam ao mesmo tempo. Deus, porém, é a bondade infinita. Logo, se Deus existe, o mal seria completamente eliminado. No entanto, o mal existe. Portanto, Deus não existe»[20]. A versão que se costuma atribuir a Santo Agostinho é mais longa, mas mais explícita: «Se Deus fosse totalmente bom, quereria apenas o bem, e se fosse todo-poderoso, seria capaz de fazer tudo que quisesse. Mas o mal existe [assim como o bem]. Portanto, ou Deus não é totalmente bom, ou não é todo-poderoso, ou não é nem um nem outro». Uma terceira formulação é mais prática do que teórica: «Como Deus – todo-poderoso e totalmente bom – pode deixar coisas más acontecerem com pessoas boas?». Este modo de encarar o problema se aproxima mais do lamento de Jó. Não se trata aqui de um mal abstrato, de um mal qualquer que percebemos, mas da experiência pessoal do mal, do mal específico da injustiça: eis o problema urgente.

Há apenas quatro respostas possíveis para esse problema. A primeira é a resposta mais óbvia (embora errada) para quem acredita no Deus da Bíblia, o Deus todo-poderoso e bom: Jó não é tão «gente boa». É a

---

(20) *Suma teológica*, I, 2, 3, ad 1.

resposta dos três amigos dele, e é extremamente razoável. Tanto que logo no primeiro versículo do livro o autor faz questão de dizer que Jó é «íntegro, reto, que temia a Deus e se afastava do mal» e põe essa verdade na boca do próprio Deus (cf. Jó 1, 8). Se não fosse isso, nós faríamos como os três amigos de Jó e optaríamos por essa solução. Um dos principais interesses dramáticos do livro é precisamente o contraste chocante entre aparência e realidade, entre a solução aparente e a verdadeira, infinitamente mais difícil, misteriosa e surpreendente. Não devemos ver os três amigos de Jó como tolos, porque não são e porque perderíamos o grande drama, a ironia, o contraste entre aparência e realidade. Devemos simpatizar com os amigos a fim de ficarmos chocados com Deus como eles ficaram. Em certo sentido, este é o principal motivo para o livro ter sido escrito: para chocar o leitor com Deus, o Deus real, o «Senhor do Absurdo»[21], como diz Raymond Nogar, diferente do Deus confortável e conveniente das nossas próprias expectativas e categorizações. Se o próprio Deus – a Sabedoria infinita por trás de toda a nossa história – *não* fosse tão chocante e surpreendente, mas racional, previsível, confortável e conveniente, então a vida não seria um mistério a ser vivido, mas um problema a ser resolvido, não uma história de amor, mas de suspense, não uma tragicomédia, mas uma fórmula. Pois a tragédia e a comédia são as duas formas primárias do mistério, e se há uma lição que podemos tirar de Jó é esta: vivemos num mistério.

---

(21) Cf. Raymond J. Nogar, *The Lord of the Absurd* (1964), University of Notre Dame Press, South Bend, 1998.

Assim, a primeira resposta para o problema, a dos amigos de Jó – isto é, que ele não é «gente boa» – deve, portanto, ser rejeitada porque:

> (1) evidentemente, não é a resposta do autor de Jó;
>
> (2) o próprio Deus a refuta tanto no começo do livro, quando conversa com Satanás acerca das virtudes do seu servo, quanto no final, ao louvar Jó e castigar os três amigos;
>
> (3) e porque essa resposta reduziria o mistério central da vida a um problema.

Somos, então, forçados a procurar outra resposta.
Talvez Deus não seja bom. Esta é a solução com que Jó flerta perigosamente. Sonha com arrastar Deus a um tribunal e O derrotar caso existisse um juiz imparcial e justo o bastante acima dele e também de Deus (cf. Jó 9). Jó lamenta que esse juiz não exista e que Deus tenha todo o poder, mas não a justiça. Noutras palavras, Deus não é bom, mas é poderoso, de modo que a bondade (justiça) e o poder estariam radicalmente separadas. Esta é uma filosofia horrível, inefavelmente horrível. Somente a honestidade de Jó e a sua desconfiança de que os amigos talvez estejam certos livram-no dela:

> Quem sou eu para replicar-lhe,
> para escolher argumentos contra Ele?
> Ainda que eu tivesse razão, eu não responderia;
> antes pediria clemência a meu juiz.
> Se eu o chamasse, e Ele me respondesse,
> não acreditaria que tivesse ouvido a minha voz;

ele que me desfaz como um redemoinho,
que multiplica as minhas feridas sem manifestar
[o motivo,
que não me deixa tomar fôlego,
mas me enche de amarguras.
Se se busca fortaleza, é Ele o forte;
se se busca o direito, quem o determinará?
se eu pretendesse ser justo, minha boca me
[condenaria;
se fosse inocente, Ele me declararia perverso.
Sou inocente? Nem eu o sei.
Detesto a minha vida!
É o mesmo, como eu disse:
o inocente e o ímpio, Ele os destrói.
Se um flagelo causa de repente a morte,
ele se ri do desespero dos inocentes. [...]
Ele não é um homem como eu a quem possa
[responder,
e nem é alguém contra quem eu possa comparecer
[na justiça,
pois que não há entre nós árbitro,
não há quem ponha sua mão entre nós dois.
(Jó 9, 14-23; 32-33)

A Ressurreição de Cristo enche o cristão de uma alegria sem limites porque, definitiva e concretamente, refuta a filosofia horrível de que a bondade e a justiça andariam completamente separadas. O Bem encarnado, o único Homem totalmente bom que já pisou este mundo, o único Ser infinitamente bom que já se ofereceu aos olhos mortais, triunfou sobre a morte, o grande mal que homem algum é capaz de conquistar, «o último inimigo».

As consequências psicológicas da crença na Ressurreição estão tão arraigadas na consciência dos cristãos que muitas vezes não nos damos conta do abismo que há entre a aceitação e a negação desse artigo de fé. Tente imaginar a situação: um dia você se dá conta de que Deus não se importa, que o Sumo Poder é indiferente ao bem e ao mal, que a história do universo e a da sua vida são contadas por um narrador indiferente e não uma Pessoa amorosa. Este é o terror que desponta no horizonte de Jó aqui.

Negar a ressurreição – ou que Deus é ao mesmo tempo todo-poderoso e infinitamente bom – pode ainda tomar outra forma, e esta é a terceira resposta para o problema do mal: em vez de negar a justiça de Deus, nega-se a sua onipotência. Imagine que um dia descobrissem os ossos de Jesus num túmulo de Jerusalém. O resultado lógico é o mesmo da resposta anterior – o mal deixa de ser um problema –, mas os resultados psicológicos são diferentes.

Se o Deus que louvamos é poderoso, mas não é bom, a bondade é desprezada e o poder passa a ser exaltado na realidade objetiva e também nas nossas vidas, se somos coerentes o bastante para ajustar a nossa vida à realidade objetiva. Começamos a louvar o poder e a reduzir a bondade a um papel secundário, a um meio de alcançar o poder ou o sucesso. E assim a religião fica divorciada da ética.

Por outro lado, se o Deus que louvamos é bom, mas não poderoso, continuamos a pôr a bondade e a ética em primeiro lugar, como absolutos, mas não podemos ter confiança nem esperança no triunfo do bem. Ficamos do lado de Deus, mas não temos certeza de que o nosso lado vai vencer. Somos bons, mas nao confiantes.

Se acreditarmos na solução número dois – se afirmamos o poder de Deus, mas não a sua bondade –, seremos confiantes, mas não bons. Se acreditarmos na solução número três – a afirmação da bondade de Deus, mas não do seu poder –, seremos bons, mas não confiantes.

A solução número três – a negação da onipotência de Deus – é muito popular nos dias de hoje, como era no paganismo. A sua versão pagã era o politeísmo, em que Deus era dividido em vários deusinhos sem que nenhum detivesse o poder total. A versão moderna é reduzir Deus à natureza ou ao tempo. Dois autores religiosos americanos – Nicholas Woltersdorff e o rabino Kushner – fizeram bastante sucesso com livros que propunham essa solução. Os dois tiveram que repensar a sua fé à luz da morte trágica de um querido filho adolescente. Ambos enfatizavam o amor de Deus e apegavam-se ao seu amor, à sua bondade. E ambos concluíram que Deus não estava no controle total da situação, que Deus cresceu e ainda cresce e aprende, que Deus está sujeito ao tempo. Isso significa que a última palavra não seria pronunciada por Deus, um Ser amoroso e amável, mas pelas leis necessárias da natureza. Elas estão acima do próprio Deus. Essa «solução» nos tira o dom precioso da confiança e da fé. Não poderíamos mais ter a humildade das crianças pequenas a que Cristo nos exorta; não poderíamos chamar Deus de *Pai* e nos abandonarmos plenamente nos seus braços. Teríamos de nos virar. Deus é reduzido de Pai onipotente a irmão mais velho. Ele é poderoso, mas não todo-poderoso.

Jó nunca flerta com essa solução. Como a maioria das pessoas, defende implicitamente que, se há um Deus digno desse nome, Ele é onipotente. Se Ele criou o universo, segue-se que é todo-poderoso, porque só assim poderia tirar tudo do nada. A linguagem popular concorda com Jó. O adjetivo que muitos cristãos ao longo dos séculos têm acrescentado ao substantivo Deus é todo-poderoso, como se fosse seu sobrenome. A Sagrada Escritura nunca questiona a existência de Deus (apenas o «tolo diz em seu coração: Não há Deus», ensina o Salmo 13) ou a sua onipotência (apenas um politeísta pagão ou naturalista moderno pensaria isso). O que os personagens bíblicos se perguntam é se Deus é bom e confiável; querem saber quais os planos dEle e quais deveriam ser os nossos.

Jó é um livro bíblico, não apenas porque está na Bíblia, mas também porque assume a teologia do resto da Bíblia. Interpretá-lo em oposição ao resto da Bíblia, interpretá-lo como uma lição de que Deus não é todo-poderoso, ou de que Jó está certo e Deus errado, ou de que a vida é um problema a ser resolvido racionalmente e não um mistério a ser afirmado pela fé: tudo isso é violentar os sólidos fundamentos bíblicos que nem Jó nem o seu livro questionam.

Se é impossível resolver o «problema do mal» negando que (1) coisas más acontecem com pessoas boas, como fazem os amigos de Jó ao dizer que ele não é bom; ou negando que (2) Deus é infinitamente bom ou (3) onipotente; então o único que resta é (4) negar a sua própria existência. Mas essa «solução» apenas amplifica as consequências terríveis das outras. Além disso, essa não é a

resposta de Jó nem do autor do livro, que não são «tolos».
Qual seria, pois, a quinta alternativa?
Talvez a questão não possa ser resolvida de maneira alguma. Talvez seja não um problema, mas um mistério. Ou talvez haja uma solução, ainda que parcial, dentro dos parâmetros da razão. Vejamos com mais cuidado qual é o argumento dos três amigos de Jó:

1. Premissa da fé: Deus é justo;
2. Premissa da razão: justiça significa premiar o bem e punir o mal;
3. Premissa do senso comum: o prêmio é fonte de felicidade, e a punição, de tristeza;
4. Premissa da experiência: Jó é infeliz.

Conclusão: Jó é mau.

Esse argumento, quando analisado logicamente, tem quatro premissas tomadas de quatro fontes diferentes. A primeira premissa vem da fé, do inegociável núcleo da fé judaica na verdade, na justiça e na confiabilidade de Deus. É a fé em que Deus é real, justo, bom, confiável, que é todo-poderoso e governa o mundo com retidão. Esta é a premissa que Jó questiona. Qualquer um que sofre como Jó sofreu tende naturalmente a questionar essa premissa, superando ou não essa tentação. Os três amigos de Jó, pelo menos, tinham fé o bastante para resistir a ela. Eles podem até pensar mal de Jó, mas ao menos eles não se voltam contra Deus. Jó flerta com isso várias vezes. Diz que Deus inventa agravos contra si sem motivo, que se ele e Deus fossem até um tribunal neutro requerer os seus direitos, ele venceria; e que a única razão pela qual ele perde o duelo é a onipotência de Deus. Isso é de fato pensar mal de Deus, é chamá-lo indiretamente de tirano injusto. Jó e nós *precisamos* nos apegar à primeira premissa: a justiça de Deus.

A segunda premissa explica o sentido de um termo essencial da primeira: o termo *justo*. Se Deus é justo, o que isso significa? Ora, justiça significa premiar o bem e punir o mal, não o contrário. É dar a cada um o que lhe é devido, o que merece. Não se trata de premissa baseada na fé, mas na razão. É tão básica para a ética quanto a da justiça divina para a fé. Sem um Deus confiável não há fé religiosa, e sem uma justiça sensata que separe o bem do mal e atribua recompensas e punições adequadas, não há ética. Até aqui, nenhuma das premissas parece questionável ou modificável.

A terceira premissa desenvolve o predicado da segunda, como a segunda fez com a primeira. Se a justiça supõe prêmios e castigos, no que eles consistem? Obviamente, consistem em muitas coisas concretas e particulares, desde dinheiro e honra até multa e morte. Mas a única coisa que todas as recompensas têm em comum é conferir a quem as mereceu algo que o torna feliz, enquanto que o ponto em comum das punições é dar ao castigado algo que o faça infeliz. Se as prisões fossem colônias de férias, não seriam punições. Se o dinheiro fosse uma doença, não seria um prêmio. Esta é a lição da fábula do coelho e da raposa, contada no sul dos Estados Unidos. A raposa tinha tentado caçar o coelho de todas as maneiras concebíveis, durante anos a fio, e todas tinham fracassado, porque o coelho era tão esperto! Mas um dia a raposa o pegou. Ela o segurou pelas orelhas e disse: «Agora, coelho, você pode escolher como vai morrer. Quer ser esfolado, assado ou fervido no óleo?» O coelho respondeu: «Você pode me esfolar, me assar e me ferver no óleo, mas não me jogue, por favor, naquele espinheiro». A raposa viu um brilho de horror nos olhos do coelho e disse: «Quer saber, coelho, é exatamente isso que vou fazer». E arremessou o coelho, com alegria e ódio, no espinheiro. Mas, em vez de encontrar um cadáver, o que a raposa viu no espinheiro foi o coelho correndo e rindo. «Enganei você de novo, raposa! Nasci e fui criado num espinheiro!» A única razão para essa história funcionar é o pressuposto de que as punições fazem aqueles que a recebem infelizes. Ninguém questiona essa premissa. É senso comum.

A quarta premissa diz que Jó é infeliz. Ela é dada pela experiência, e é até mais óbvia que as anteriores. De fato, cada uma das quatro premissas é mais clara e inegável que a anterior – ou seja, somente a primeira está em questão. Ninguém está tentado a negar as outras três premissas, mas Jó sente a tentação de negar a primeira. A única possibilidade diferente parece ser, como fazem os amigos de Jó, tirar a conclusão lógica de que, como Jó está infeliz porque padece uma pena merecida, Jó é um grande pecador.

Mas o leitor sabe que isso é falso. O próprio Deus disse isso ao demônio. O leitor também sabe que é errado negar a primeira premissa. E, contudo, a primeira premissa, a justiça de Deus, lado a lado com as três outras premissas aparentemente inegáveis, levam necessariamente àquele desfecho. Que quebra-cabeças!

Vamos jogar um jogo que o livro de Jó não joga. Vamos fazer um pouco de lógica. Transformamos o problema existencial do mal em problema lógico, de modo que seria bom que o resolvêssemos neste nível. (O livro, claro, resolve-o somente no nível em que o considerou, o existencial, o nível experimentado. O drama fica resolvido, e veremos mais adiante como.)

Há três e somente três modos de responder a um argumento lógico, como já vimos ao tratar o argumento do Eclesiastes. Se os termos não são ambíguos, se as premissas não são falsas, e se o processo de argumento não é logicamente falacioso, segue-se necessariamente que a conclusão foi provada e que não existe outro meio de negá-la a não ser afirmando, com uma teimosia cavalar: «Você provou que está certo, mas eu simplesmente não aceito». Isso, claro, não diz coisa alguma sobre o argumento ou a conclusão, mas diz muito sobre você.

Nenhuma das quatro premissas é falsa ao pé da letra, e a conclusão tem um nexo lógico com as premissas. No entanto, cada uma das premissas contém um termo ambíguo. Este é o modo pelo qual a forma lógica do problema do mal pode ser respondido.

A primeira premissa afirma que Deus é bom e confiável. Mas a bondade de Deus não significa exatamente o mesmo que a bondade do homem, porque Deus não é o homem. Um homem bom não é o mesmo que um bom cachorro; pela mesma razão, a bondade de Deus não é a mesma que a do homem. A razão é que a bondade é proporcional ao ser. O ser de Deus é divino e infinito; o do homem é humano e finito; o do cachorro é finito e canino. Cada um tem uma bondade proporcionada à sua natureza. Assim, não é mau que um cachorro seja sexualmente promíscuo, como é para o homem. A bondade canina, se transposta para o homem, seria uma regressão, um retorno ao instinto puramente animal. Não é diferente com as bondades divina e humana. O termo é analógico, não unívoco; seus significados não são exatamente os mesmos, mas sim modificados: são parcialmente iguais e parcialmente diferentes. Se ousássemos fazer algumas das coisas que Deus faz, não seríamos bons, mas sim maus. Por exemplo, se um pai decidisse deixar seu filho ser atropelado por um carro tendo a possibilidade de correr até o meio da rua e salvá-lo, ele não é um bom pai. Deus, por outro lado, poderia fazer um milagre e nos salvar de qualquer perigo. No entanto, Ele é bom ao não nos preservar de todo dano, porque Ele vê, na sua sabedoria infinita, quais são precisamente os sofrimentos de que precisamos para nossa completa realização, sabedoria e felicidade a longo prazo, e Ele vê a mimalhice espiritual que resultaria de sermos salvos de qualquer calamidade. Os pais têm somente uma porçãozinha dessa previsibilidade; esta é a razão pela qual seria errado que eles bancassem Deus e deixassem seus filhos sofrer, à exceção de alguns casos. Desse modo, seria errado que um pai deixasse seu filho morrer por julgar que, se a criança vivesse, ele não progrediria moral e espiritualmente, mas talvez morreria numa situação ainda pior que a atual. Ninguém, a não ser Deus, sabe o que aconteceria. Mas seria bom que um pai enviasse seu filho para uma escola tremendamente difícil, que o fizesse suar nos estudos e passasse o dobro do dever de casa, desde que o menino tivesse capacidade e a escola valesse a pena. Assim, para os homens, ser bom é, na maioria das vezes, poupar o outro do sofrimento, mas isso não se aplica a Deus do mesmo modo. As ordens de marcha dadas à infantaria não se aplicam ao general, que é o responsável pela estratégia global.

Isso não quer dizer que Deus é amoral, que a bondade é apenas uma criatura, e não um atributo do Criador. A bondade não é algo que Deus inventa arbitrariamente e que poderia fazer de um jeito diferente, como poderia ter feito o céu vermelho. Não, «Deus é Amor» e é também justiça, mas os significados dessas perfeições são mais intensos em Deus do que no homem e mais intensos no homem do que no cachorro.

A ambiguidade da segunda premissa está no termo *justiça*. Humanamente, justiça é equidade ou ao menos possibilidades iguais. Significa algo quase matemático. Somos iguais perante a lei. Mas este não é o significado mais profundo de justiça. Há uma justiça na música, uma harmonia, uma proporção e uma relação que explicam a beleza, mas que não são igualdade. É algo muito mais misterioso, mais cheio de significado e mais admirável. «Pela justiça as estrelas estão firmes», canta o poeta. Os gregos falavam de uma justiça cósmicas (*dike*), da «música das esferas». Isso está mais próximo da justiça divina. É justo, no sentido puramente matemático, que metade da raça humana não tenha útero? É justo que os músculos da parte superior do corpo sejam mais fortes nos homens do que nas mulheres? É justo, até, que os homens sejam superiores aos macacos? (Abro uma exceção para aqueles que não se acham superiores aos macacos. Eles pronunciam uma profecia autorrealizável.)

A mais sublime e misteriosa forma de justiça divina que jamais alguém conheceu é, precisamente, o Evangelho, o fato assombroso de Deus se rebaixar para tomar a natureza humana e morrer na Cruz por nós. São Paulo, na Carta aos Romanos, chama isso de «a justiça de Deus» (Rm 1, 17). Mas essa justiça tem como foco a coisa mais injusta que jamais aconteceu na história: o deicídio, o assassinato do homem que menos o merecia, o mais inocente, o único inocente, a sofrer pelos culpados. E isso é a *justiça* de Deus! Obviamente, a justiça dEle é muito diferente da nossa. A nossa é premiar o bem e castigar o mal. A dEle é «todos nós andávamos desgarrados como ovelhas, seguíamos cada qual nosso caminho, e o Senhor fazia recair sobre ele [Cristo] a iniquidade de todos nós» (Is 53, 6).

Na terceira premissa, o termo ambíguo é *felicidade*. Recompensas são uma espécie de felicidade – o senso comum está certo em afirmá-lo, é claro. Mas talvez o senso comum não seja tão explícito quanto à definição de felicidade. Tendemos a identificá-la com (1) algo imediato e presente – e não futuro, demorado e eterno – e (2) com um sentimento consciente e subjetivo de satisfação do apetite – não com um fato objetivo. Talvez Jó não seja feliz ainda, fica feliz no final; e talvez Jó não *sinta* a felicidade, mas *é* feliz mesmo assim.

Para entendermos melhor esse último ponto, façamos uma analogia com a saúde. É possível estarmos saudáveis sem nos sentirmos saudáveis, como quando temos uma dor de cabeça chata, mas estamos bem de resto. A pequena dor de cabeça toma conta do centro da nossa consciência e sentimo-nos como prestes a morrer, enquanto o fato objetivo é que estamos bem saudáveis. Nossos sentimentos são uma indicação imperfeita da nossa saúde. Por outro lado, podemos ser vítimas de uma doença terrível, fatal, e estarmos destinados a morrer em dois minutos, embora nos sintamos bem de saúde. Os sentimentos não são indicadores infalíveis de um fato.

Ora, o que é verdade no nível corporal também pode ser no nível espiritual. Um fariseu é capaz de se sentir moral e espiritualmente saudável, quando de fato ele está tão apodrecido que Jesus o chama de sepulcro cheio de ossos (cf. Mt 23, 27). Um santo pode passar pela «noite escura da alma» e sentir-se completamente seco por dentro, enquanto na verdade Deus o aperfeiçoa como um artista faz com a sua obra-prima.

Jó pode ser feliz no sentido de ser abençoado sem ser feliz no sentido de estar satisfeito. Jó é a obra-prima de Deus, e seus sofrimentos o aprimoram ainda mais. A sua felicidade objetiva, ou perfeição, ou beatitude (que inclui a sua sabedoria, coragem e maturidade) é de fato atingida exatamente por meio da sua infelicidade subjetiva, do seu sofrimento.

Finalmente, a quarta premissa contém o termo *infeliz*, que é ambíguo da mesma maneira que *feliz* ou *felicidade* na terceira. Jó é verdadeiramente abençoado nos seus sofrimentos, como Cristo prometeu no Sermão da Montanha: «Bem-aventurados os que choram... » (Mt 5, 4).

Não faz o menor sentido, tomando a felicidade no seu significado mais superficial, afirmar que os que choram são felizes. Mas num sentido mais profundo e antigo de felicidade – bem-aventurança –, Jó está feliz mesmo sobre o monte de esterco. Ele sofre e não está satisfeito, mas é bem-aventurado e não é rejeitado.

A outra ambiguidade do termo *felicidade* também se aplica à quarta premissa. Jó, a curto prazo, pode ser infeliz, mas ao longo será feliz, até mesmo no sentido de satisfação. Jó está satisfeito no fim (exploraremos o porquê depois). Ele, afinal de contas, está num drama, numa história, que se encontrava então somente nos primeiros atos, nos primeiros capítulos. Como podemos compreender a lição do segundo ato de uma peça antes de chegarmos ao quinto? O problema do mal, vivido e não só pensado, insere-se na história, no tempo, e a palavra que a Escritura dá como resposta é: «Espere».

Quando Santo Tomás de Aquino formulou na *Suma teológica* o problema do mal como uma das duas objeções à existência de Deus, lembrou-se daquilo que muitos filósofos esquecem: que a solução vinda de Deus é concreta, dramática e temporal. Ele, como vimos, explicava o argumento assim: «Deus é a bondade infinita. Mas se um de dois contrários é infinito, é impossível que ambos existam ao mesmo tempo. Deus, porém, é a bondade infinita. Logo, se Deus existe, o mal seria completamente eliminado. No entanto, o mal existe. Portanto, Deus não existe». E a sua resposta é a seguinte:

«Como diz Santo Agostinho, Deus, sumamente bom, de nenhum modo permitiria existir algum mal nas suas obras, se não fosse onipotente e bom para, mesmo do mal, tirar o bem. Logo, pertence à infinita bondade de Deus permitir o mal para deste fazer jorrar o bem».

Noutras palavras, a vida, como Jó, é um conto de fadas. Para vivermos felizes para sempre, vamos passar pelo monturo. O mal é temporário; o bem é eterno. Mais uma vez, numa só palavra: «Espere».
Mas espere na fé. Jesus disse a Marta, depois de ressuscitar o seu irmão Lázaro: «Não te disse eu: Se creres, verás a glória de Deus?» (Jo 11, 40). Ver não é crer, mas crer será um dia ver. Jó não espera pacientemente, mas espera. A fé de Jó não é ensolarada e serena, mas é fé. Ela não está isenta de dúvidas. (De fato, as suas dúvidas decorreram da sua fé. Quando a fé é completa, ela é aberta e pode conter dúvidas; quando é fraca, não as suporta.) Mas Jó permanece um herói na fé. Ele espera com fé, e vê a glória de Deus. Ele é abençoado no próprio ato de esperar enquanto está no esterco e na agonia; e, por fim, é duplamente abençoado quando recebe o que espera.

2. Fé *versus* experiência

Até agora, arranhamos apenas a superfície. O problema do mal é só o mais óbvio de Jó, e acerca do qual todos os livros falam. Porém, mais profundo que esse há outros níveis, como túneis ou mesmo cidades subterrâneas, reinos inteiros de mistério e significado, menos suscetíveis de serem analisados e solucionados. Um segundo nível de problema não é um conflito entre fé e razão, como é o problema do mal, mas sim entre a fé e a experiência de Jó. Aqui não temos um quebra-cabeças filosófico, mas sim as lágrimas de um filho. Ao longo da Escritura e da vida de Jó, Deus se aproxima com a lábia de um vendedor: «Confie em Mim». A fidelidade de Deus não é aqui um dado numa questão lógica, mas sim uma constante na vida de Jó que parece ter sido interrompida. Ao longo da Bíblia a promessa é sempre de que a fidelidade do homem a Deus será sempre recompensada com a fidelidade de Deus ao homem e às promessas que fez a ele. Os justos prosperam e os malvados perecem. Então Jó compra o que lhe vendem, aceita essa fé. Arrisca a vida inteira na justiça, obediência, fidelidade e piedade – e qual é a sua recompensa? A perda dos seus bens, dos seus filhos, da lealdade da esposa, do respeito dos amigos, da saúde e até, parece, da sua identidade e de seu Deus (como veremos, esse é um dos níveis subsequentes e mais profundos). O pior de tudo é o abandono de Deus, a experiência de Jó do «Meu Deus, Meu Deus, por que me abandonaste?» (Sl 21, 1; cf. Mc 15, 34). «Apenas elevei a voz para o Senhor, ele me responde de sua montanha santa» (Sl 3, 5): esse é um tema invariável nos Salmos. No entanto, a experiência de Jó parece negar isso. Deus poderia até estar presente, mas não para Jó.

Eis aqui o que a experiência de Jó parece lhe ensinar acerca de Deus. Deus se parece com o pai na seguinte piada cruel. Um pai disse a seu filhinho:

– Filho, quero ensinar para você uma das lições mais importantes da vida: como confiar no seu pai. Pode subir neste muro de um metro e meio e pular nos meus braços. Eu seguro você.

— Mas, papai, eu tenho medo. Não me obrigue a subir aí.
— Sei que você tem medo, filho. Mas quero que você faça isso por mim.
— Certo, papai, aí vou eu... Ôooo! Você me segurou!
— Claro que sim. Eu prometi, não foi?
— Vamos embora agora?
— Não, quero que você pule daquele muro de três metros agora.
— Ah, papai, estou com medo.
— Confie em mim.
— Certo, aí vou eu... Ôooo! Você me pegou de novo!
— É claro que peguei.
— Vamos embora agora?
— Só mais uma. Dessa vez, pule deste mudo de sete metros.
— Mas, pai, eu tenho pavor!
— Confie em mim.
— Ok, aí vou eu...
Então o pai deu um passo para trás no último minuto e o menino se espatifou na calçada. De uma poça de sangue e lágrimas veio a pergunta:
— Papai, papai, porque você fez isso?
A resposta:
— Para te ensinar a lição mais importante da vida, filho: Nunca confie em ninguém, nem no seu pai.

É uma piada ruim, uma piada cruel, mas é assim que a vida se apresentava para Jó. Ele havia confiado em Deus, e agora era como se Deus tivesse dado um passo para trás e o tivesse deixado cair de cara. A fé de Jó diz que quem confia no Senhor será recompensado. A experiência de Jó afirma o contrário. Jó deve ter sido um homem com uma fé notável para não desistir dela (embora por pouco) diante das presas daquela refutação aparentemente conclusiva da experiência.

Jó é tradicionalmente considerado um herói da fé. Isso mostra que a fé, para um judeu do Velho Testamento (e também para um cristão do Novo) é mais radical que a antiga definição do Catecismo de Baltimore[22] (embora esta seja, por sua vez, mais profunda que a descrição da maioria dos manuais modernos): «Um ato do intelecto, movido pela vontade, pelo qual acreditamos no que Deus revelou pela autoridade dAquele que o revelou». A fé para Jó não é primeiramente um ato do intelecto, mas sim das entranhas ou do coração. Fé aqui é expressa pela palavra hebraica *emeth*, que quer dizer fidelidade, confiabilidade, fiabilidade, a manutenção de uma promessa. Jó é um modelo porque faz da sua vida um balão de ensaio onde testar o principal valor judaico. Ele põe a sua vida nisso; de fato, chega a perder boa parte dela por causa da sua fé. Mas a pergunta irônica é: quem testa quem? Jó acha que a sua experiência é um teste para a fidelidade de Deus, mas, de fato, como o leitor já sabe por aquela olhadela por trás da cena no primeiro capítulo, Deus é quem testa a fidelidade de Jó.

---

(22) Trata-se do Catecismo da Doutrina Cristã, preparado e ordenado pelo Terceiro Sínodo de Baltimore. Foi o texto utilizado nas escolas católicas americanas desde 1885 até os anos de 1960. (N. do T.)

A perda de todos os bens terrenos é um aspecto secundário do teste. Fundamentalmente, o teste de Jó é a aparente ausência de Deus. A prova disso está no fato de que, mesmo antes de conseguir de volta qualquer uma de suas propriedades terrenas, ele fica satisfeito por ter conseguido Deus de volta. Mas, durante trinta e sete capítulos agonizantes, ele não encontra Deus, embora O procure. A sua fé lhe diz, com efeito, que «buscai e achareis; pois quem procura, acha» (Mt 7, 7-8). Mas a sua experiência demonstra o oposto. Ninguém busca tanto, tão apaixonadamente, tão desesperadamente como Jó. E, no entanto, ele não acha nada. «Mas se eu for ao oriente, lá ele não está; ao ocidente, não o encontrarei» (23, 8-9). Por quê? Por que Deus não responde? Como pode o Deus da fé, Aquele que é fiel, ser compatível com a experiência de buscar sem encontrar?

A experiência não fica restrita a Jó. Como diz C.S. Lewis em *Anatomia de uma dor* ao constatar que a sua fé não lhe oferecia consolo diante da morte da esposa:

Nesse meio-tempo, onde está Deus? Esse é um dos sintomas mais inquietantes. Quando você está feliz, muito feliz, não faz nenhuma ideia de vir a necessitar dEle, tão feliz, que se vê tentado a sentir suas reivindicações como uma interrupção; se se lembrar e voltar a Ele com gratidão e louvor, você será – ou assim parece – recebido de braços abertos. Mas, volte-se para Ele, quando estiver em grande necessidade, quando toda outra forma de amparo for inútil, e o que você encontrará? Uma porta fechada na sua cara, ao som do ferrolho sendo passado duas vezes do lado de dentro. Depois disso, silêncio²³.

No passado, principalmente na Idade Média, que era forte no tema da razão, mas nem tanto no da introspecção psicológica e atenção ao sentimento e à experiência, o problema crucial era a relação entre fé e razão. (Algumas das conclusões filosóficas e científicas de Aristóteles pareciam contradizer a fé cristã). Na nossa época, que é fraca quando o assunto é razão (e até duvida do seu poder de descobrir e provar verdades objetivas) e forte quando é psicologia e experiência, o problema crucial é a relação entre fé e experiência. Hoje, muito mais pessoas perdem a fé porque experimentam o sofrimento e acham que Deus as deixou na mão do que por qualquer argumento racional. Jó é um homem de todos os tempos, mas principalmente do nosso. O seu problema é precisamente o nosso.

Qual é a solução? Especificamente, por que Jó experimenta a ausência de Deus quando Ele prometeu estar presente? Uma parte da questão é fácil: Deus testa a fé de Jó. Jó precisa acreditar em Deus como Alguém real, presente e fiel, e não só porque isso é fácil, porque tudo corre bem, porque a experiência confirma tanto a fé que esta quase deixa de ser necessária. Jó também precisa aprender a acreditar em Deus com uma fé completa, ainda quando as experiências e as aparências a contradigam – como Jesus na Cruz, abandonado por Deus, sem consolação alguma de nenhum tipo. Uma fé assim é infinitamente superior à fé barata e superficial que empurra a pessoa

---

(23) C.S. Lewis, *Anatomia de uma dor*, Editora Vida, São Paulo, 2006, pág. 31. Tradução de Alípio Franca.

na mesma direção que a experiência. Uma fé árdua não é boa porque o sofrimento é bom em si mesmo ou porque a dificuldade de crer é boa em si mesma, mas porque a fé tem a sua origem no centro da pessoa, no eu, na vontade, não nas partes da pessoa que dependem do ambiente e do que acontece no mundo. Porque o mundo passa, mas nós permanecemos. O que a pessoa decide no tempo é ratificado na eternidade. Quanto mais forte é a entrega a Deus nesse centro obscuro e não passional da pessoa, mais profunda será a sua salvação eterna. A vontade é a guardiã dos sentimentos e deve aprender a conduzi-los, não a segui-los.

Esta é a parte mais óbvia e fácil da resposta. Deus está fortalecendo e aperfeiçoando a fé de Jó, a fidelidade dele, no cadinho da dor. Mas há uma outra parte da resposta que não tem a ver com a natureza de Jó, mas com a de Deus. Por ser Quem é, Deus não pode simplesmente se submeter às súplicas e pedidos de esclarecimentos feitos por Jó. Deus não é um daqueles candidatos a responder perguntas difíceis num programa de auditório. É Ele quem faz as perguntas. Ele não vem em segundo lugar, mas em primeiro: «No princípio...» Seu nome (que revela a sua essência) é «Eu sou» não «Ele é». Deus existe na primeira pessoa do singular. É Sujeito, não objeto, nem mesmo objeto das buscas e especulações de Jó.

Aqueles que já se encontraram com Deus (e não com o conceito de Deus) – os santos e místicos, todos os que, em outras palavras, são como Jó e não como seus amigos teólogos – dizem a mesma coisa: «é impossível descrever o encontro por meio de palavras, quanto mais o Encontrado». Deus não pode ser um objeto dos nossos conceitos.

Diante dEle, nossos conceitos se quebram como vidro, como óculos. Nem aquilo que julgávamos ser a nossa personalidade resiste. Quando estou unido a Deus, já não sou «eu mesmo» e Deus já não é o meu «Tu», o meu objeto. Deus é o meu «eu», e eu sou o «tu» dEle, o objeto dEle: «Eu vivo, mas já não sou eu; é Cristo que vive em mim» (Gl 2, 20).

Por isso os místicos dizem coisas tão estranhas sobre si mesmos. Falam, por exemplo, que o «eu» é uma ilusão, que é destruído no encontro com o Criador. A ilusão que é destruída não é o «eu», mas a imagem que fazemos de nós próprios por conta da nossa perspectiva: nós no centro e Deus em algum lugar do nosso campo de visão. Isso *é* uma ilusão, e Deus a estilhaça ao inverter as posições: Ele no centro; nós em algum lugar do campo de visão dEle. Nós somos o objeto dEle, não Ele o nosso.

É por isso que Cristo manifesta a sua divindade de uma maneira tão poderosa sempre que inverte a situação em que os seus questionadores O põem. Os inimigos tentam acuá-lO; Ele os acua. Tentam classificá-lO; Ele os classifica. Tentam julgá-lO; Ele os julga. Até os amigos querem descobri-lO, captar o mistério de quem Ele é, compreendê-lO; mas são *eles* que acabam descobertos, revelados e compreendidos. O mistério de quem *eles* são é que é iluminado pela presença da Luz divina. «Devemos apedrejar a adúltera ou não?» – «Aquele que não tiver pecado, lance a primeira pedra». «Devemos pagar o tributo a César ou não?» – «Dai a Deus o que é de Deus e a César o que é de César». (Eles roubavam ambos.) «Quem é o meu próximo?» – «Vai e sê tu o próximo como o bom samaritano». Sempre que você se atreve a testá-lO, é Ele quem testa você, porque Ele é o professor e você, o estudante. Não o contrário.

Viktor Frankl fala dessa experiência de choque, de inversão súbita do ponto focal da alma, no contexto dos campos de concentração nazista. Ele escreve no seu livro *Em busca de sentido*[24] que muitos prisioneiros aprenderam a deixar de perguntar «Qual o sentido da vida?» e perceberam que era a vida que perguntava pelo sentido *deles*. Em vez de continuarem a dizer «Vida, por que faz isso comigo? Exijo uma resposta!», perceberam que era a vida que os questionava e exigia uma resposta – uma resposta com ações, não apenas com palavras. Eles tinham que responder a esse desafio através da responsabilidade. Mesmo quando não interpretavam a vida como um instrumento de Deus, mesmo quando a «vida» era para eles uma abstração e não uma Pessoa, perceberam que era ela que os questionava.

Assim é em diversas situações angustiantes da vida. As pessoas querem encontrar uma luz para os seus problemas; a Luz vem e as confronta com mais perguntas em vez de oferecer-lhes respostas. A luz é o melhor símbolo físico de Deus porque é a única coisa impossível de ser iluminada, a única coisa física que não pode ser vista, mas sem a qual não vemos coisa alguma. Deus também não pode ser objeto da visão, física ou mental. São Tomás de Aquino diz que somente conhecemos a Deus corretamente quando reconhecemos que não O conhecemos por completo. A Escritura diz: «Ninguém jamais viu Deus. O Filho único, que está no seio do Pai, foi quem o revelou» (Jo 1, 18).

---

(24) Viktor Frankl, *Em busca de sentido: um psicólogo no campo de concentração*, 25ª ed., Vozes, Petrópolis, 2009.

Se Deus não tivesse tomado a iniciativa de se revelar, não haveria outra maneira pela qual pudéssemos tê-lO conhecido. Poderíamos, claro, saber que existe, como vimos no capítulo sobre o Eclesiastes, mas pouco mais do que isso. Quando queremos conhecer uma pedra, ela é toda passividade, e nós somos pura atividade. Quando queremos conhecer um animal, ele é um pouco ativo, pode fugir e se esconder. Quando queremos conhecer outra pessoa, dependemos da liberdade dela para deixar-se conhecer e da nossa para querer conhecer: os dois papéis são equivalentes. Por fim, quando queremos conhecer Deus, toda a atividade começa, necessariamente, por Ele.

Então, Deus não pode aparecer em resposta às questões postas por Jó como se fosse um manual de instruções (que é como os três amigos de Jó O tratam). Jó aperta o botão, mas a máquina de Deus não funciona, não porque está quebrada, mas simplesmente porque Ele não é uma máquina. Jó finalmente se dá conta disso quando Deus se revela no seu verdadeiro caráter de Perguntador, não Respondedor. Esse é o motivo de Jó se arrepender no final (42, 6). Não é um pecado específico que ele tenha cometido e escondido, como os três amigos suspeitam, mas sim um erro metafísico, um pecado contra a gramática do ser: ocupar o lugar de Deus. Somente quando Jó para de falar – «Aqui terminam os discursos de Jó» (31, 40) –, Deus aparece.

A maioria de nós fala muito. É impressionante como são curtos os ditos de Jesus. Quando rezamos, quem fala mais? A nossa é a parte mais importante do diálogo? Se tivéssemos a oportunidade de conversar com alguma grande personalidade – como Madre Teresa de Calcutá ou Alexander Solzhenitsyn –, acaso quereríamos falar mais ou ouvir mais? Por que falamos tanto com Deus de modo que não nos sobre tempo para escutar? Deus precisa ser muito paciente, aguardando que nos livremos de todo o nosso barulho mental e verbal, esperando que não resolvamos terminar o nosso discurso e voltar às nossas ocupações sem lhe dar tempo de falar. Ainda assim, no silêncio dessa fração de segundo entre o momento em que paramos de falar com Deus e passamos a falar com o mundo, Ele é capaz de nos dar mais graças do que em qualquer outra ocasião, com exceção dos sacramentos.

Jó diz a seus três amigos faladores: «Quando terão fim essas palavras atiradas ao ar?» Eles são como as divas de novela, sempre à porta de saída para poderem dizer uma frase de efeito antes de ir embora. Mas Jó faz com Deus exatamente o que seus amigos fazem com ele! Eles não escutam Jó porque estão muito ocupados dirigindo-lhe a palavra, e Jó não escuta Deus porque está muito ocupado falando com Ele! Jó se arrepende no final – quando Deus aparece – não de ser pior do que seus três amigos, mas sim de ser como eles. Eles são como os quatro monges budistas que fizeram um voto de silêncio perpétuo. Um dia, um deles deixa escapar uma palavra. O segundo lhe diz: «Quebraste teu voto». O terceiro diz ao segundo: «E tu és um tolo ainda maior que ele, pois falaste também!» E o quarto, rindo, disse para si mesmo: «Sou o único que guardou o voto!»

Alguma vez você, leitor, já permaneceu em silêncio por meia hora, sem mexer os lábios e a mente? Vai precisar aprender essa arte se quiser entrar no Céu, porque depois que o sétimo selo for aberto haverá meia hora de silêncio total (cf. Apoc 8, 1).

Somente no silêncio a fé e a experiência se alinham perfeitamente, porque a fé nos diz que Deus é «Eu sou», e o silêncio nos deixa experimentar o seu «Eu» e o seu «Ser», a sua prioridade assim como a sua realidade. Toda verborragia falsifica sutilmente Deus. Como diz Lao-Tsé: «Quem diz, não sabe; quem sabe, não diz». Pois «o Caminho que pode ser explicado não é o Caminho eterno». Porém, Deus – o Caminho (cf. Jo 14, 6) – falou conosco. «No começo era o Verbo» (Jo 1, 1), e não apenas o silêncio. Precisamos fazer silêncio não porque Deus é silêncio, mas porque é Verbo.

3. O problema do sentido da vida

A maior de todas as perguntas, a questão que inclui todas as outras, é a que faz Jó a Deus no versículo 18 do capítulo 10: «Por que me tiraste do seio de minha mãe?» Em outras palavras, em que tipo de história estou? Qual é o meu papel? Qual é a trama geral? Por que nasci? Por que vivo? Qual é o sentido de tudo isso, meu amigo?

Essa é também a pergunta do Eclesiastes, mas Jó recebe uma resposta e Eclesiastes não. Pascal os considera os maiores filósofos, e eu concordo. Mas por que Jó obteve resposta e o Eclesiastes não? Pela mesma razão que Moisés conseguiu uma resposta para a pergunta que os filósofos vêm fazendo em vão há séculos: «Quem é Deus? Qual é o seu nome? Qual é a sua natureza?» Moisés teve o bom senso de perguntar a Ele (cf. Ex 3, 13-14)! Eclesiastes é como os três amigos de Jó: não para de filosofar *sobre* Deus. Jó é como Moisés: pergunta *a* Deus; busca o rosto dEle. E «quem busca, acha».

Mas pode demorar. Por quê? Qual é o sentido de tanto adiamento? A vida de Jó, que é o assunto da sua pergunta, tem duas partes: procurar e encontrar. Claramente, a resposta para a questão do sentido da existência está no encontro com Deus. Mas e a outra metade, a procura? Para que Deus deixa Jó sofrer, procurar e agonizar? O que Deus tinha que provar? Por acaso é Jó um inseto posto num tubo de ensaio para satisfazer a curiosidade vã e sádica de Deus? Ou será que Deus subiu a temperatura do tubo apenas para ganhar a sua aposta com o demônio?

Evidentemente, Deus não faz nada por causa do Diabo, por causa do mal. Não há nenhuma explicação para que o Bem seja cúmplice do mal, necessidade alguma para que a Onipotência ceda o mais mínimo para o maligno. E Deus também não precisa fazer testes, porque a Onisciência não precisa de experimentos para saber o que vai acontecer. Deus não precisava saber que a fé de Jó era firme. Mas Jó, sim. Toda a agonia e demora foi por causa de Jó, para o bem dele, para a bem-aventurança dele. A Cruz, dizem alguns santos, é um presente especial que Deus dá a seus amigos.

Este mundo é um «vale para forjar almas», como dizia o poeta Keats; é a oficina de um grande escultor, e nós somos as estátuas. Para serem perfeitas, as estátuas precisam suportar golpes do cinzel e enrijecerem no fogo. Isso não é opcional. Uma vez perdida a inocência original, o caminho de volta a Deus é doloroso, porque o homem velho do pecado (cf. Ef 4, 22) continuará reclamando e lamentando-se enquanto vai em direção ao bem, seu inimigo. Dizer «Não se faça a minha vontade, mas a Tua» era uma alegria imensa no Éden e o será ainda mais no Céu, mas é a tarefa mais difícil – e mais necessária – agora. Sem ela, seria constrangedor encontrar o Criador do Universo. Por que Jó conseguiu ver Deus face a face e viver? Porque Jó obteve um rosto através da sua fé sofredora. Como C.S. Lewis afirma no final do seu romance *Till we have faces*[25] («Enquanto não tivermos rostos»): «Como podemos encontrar os deuses face a face enquanto não tivermos rostos?»

Este é o segredo da vida: obter um rosto, tornar-se real, tornar-se quem se é de verdade. Só que por caminhos e metas com que os psicólogos *pop* nem sonham quando dizem coisas parecidas como se não fossem nada. Sim, a vida é um processo de tornar-se você mesmo, mas pelo sofrimento, não pelo pecado. É uma viagem que passa por dizer «Não» tanto quanto «Sim»; uma escalada contra a gravidade do egoísmo, não uma estrada plana pelas trilhas da «autorrealização».

O sentido da vida é a guerra. E nossos inimigos não são menos reais por não serem de carne e osso; na verdade, são até mais reais e impressionantes do que eles. A não ser que os derrotemos, morreremos de uma morte infinitamente mais desesperada e horrível do que qualquer soldado morto no campo de batalha. Não é fácil obter um rosto. Jó não é a exceção, mas a regra; os padecimentos pelos quais Deus teve que o conduzir, de um modo ou

---

(25) C.S. Lewis, *Till We Have Faces* (1956), Harcourt, San Diego, 1980.

de outro, são também nossos. Entretanto, o modo como isso acontece com Jó é extraordinariamente visível. Nem todos nós perdemos filhos, saúde, posses e esperança num único dia. Mas todos temos que aprender a perder tudo menos Deus, pois todos vamos morrer e não podemos levar nada conosco a não ser Deus.

Os filósofos dão algumas respostas nobres e belas à questão do significado da vida, seu propósito e finalidade – a virtude, a sabedoria, a honra, o caráter, a alegria, a liberdade, «a verdade, o bem e o belo» –, mas ignoram a pequena pergunta incômoda que nos preocupa enquanto admiramos esses ideais, que são verdadeiros: «Como? Como esse anão voará como uma águia? Como posso passar daqui para lá, da água para o vinho, deixar de ser cretino para ser Cristo?»

Os filósofos simplesmente dizem: «Muito bem, agora você já sabe para que foi criado: para se tornar uma criatura brilhante, radiante, forte e nobre capaz de suportar a luz perfeita do Céu. Pode começar, por favor. Transforme-se num santo». Muito bem!

Como você vê, é preciso um pouco de ação. É preciso deixar-se esculpir e lutar espiritualmente. O mais admirável não é que Deus nos golpeie com tantas cinzeladas, mas que Ele consiga terminar a sua obra com tão poucas. O mais admirável – quando você nota a distância que separa o que é agora do que está destinado a ser – é como a misericórdia de Deus nos leva até lá com tão pouco trabalho, com tão pouca dor. O mais admirável não é ver quantas coisas más acontecem com pessoas boas, mas quantas coisas boas acontecem com pessoas más. E é isso que Jó percebe assim que vê Deus. É por isso que ele obtém uma resposta e fica satisfeito. E nós também ficaremos.

Para começo de conversa, Deus poderia ter-nos criado no Céu, alegres e sem pecado. Por que, em vez disso, deu-nos um tempo de prova aqui na terra? Pelo mesmo motivo que um bom professor não dá todas as respostas ao aluno. Valorizamos mais a verdade quando a encontramos por nós mesmos. Então ela é mais verdadeiramente nossa. A verdade aqui não é só a captação da realidade objetiva, mas também da nossa identidade, do nosso rosto. Deus o desenhou, mas nos deu a oportunidade de sermos co-escultores, de co-criarmos as nossas próprias pessoas através das escolhas e experiências no tempo. O único método para descobrir quem somos é viver.

Isso significa que, enquanto não estivermos terminados, enquanto não pararmos de nos enganar, não saberemos quem realmente somos. Significa que a nossa vida inteira é uma crise de identidade prolongada. O que torna a de Jó especial é ser tão repentina. Antes, Jó era o homem reto, justo, exemplar, o favorito de Deus. Agora esses rótulos lhe são arrancados, e ele é um monte de feridas sobre um monte de esterco coçando-se com um estilhaço. Não é de surpreender que seus três amigos, ao chegarem, não o reconheçam (2, 12). Uma competente nota da Bíblia de Jerusalém lembra o leitor do servo sofredor de Deus que aparece nos capítulos 52 e 53 do livro de Isaías: um pária, expulso como um leproso, um homem para quem se vira o rosto, levado para fora da cidade a fim de ser crucificado, órfão de toda humanidade, tirado do seu povo, «um verme, e não um homem», como diz o salmo 21, recitado por Ele na Cruz. Jó é uma figura de Cristo, tão chocantemente irreconhecível que é chocantemente reconhecível, pois isto é parte do que Cristo é: irreconhecível, «um verme, e não um homem»... a escória do seu povo.

O único lugar em que Jó encontra a sua identidade é no seu Criador. O mesmo é verdade para todos, pois somos todos personagens inventados por um Autor, e como poderíamos encontrar a identidade fora dEle? Assim, Jó encontra a sua identidade somente quando encontra o seu Deus. Jó resolve o problema da sua identidade e do seu sentido somente depois de esclarecer a questão mais profunda de todas, a questão de Deus, que agora veremos.

4. O problema de Deus

O problema de Deus em Jó não é se Ele existe. Somente o tolo diz no seu coração que Deus não existe (cf. Sl 13, 1), e ele o diz não porque a razão e a sua experiência o comprovem, mas apenas porque seus desejos enganadores o fazem fingir que Deus não existe para que possa pecar sem ser castigado.

O problema também não é quem é Deus ou que Ele é em si mesmo. Esse é o problema do teólogo e do filósofo. O que preocupa Jó é: o que ou quem é Deus para mim? Qual é a relação entre nós?

Há dois problemas de Deus em Jó: o primeiro diz respeito a Jó e à busca; o segundo, a Deus e ao encontro. O primeiro problema é por que Jó está numa relação direta com Deus na sua busca. O segundo é por que Deus, uma vez encontrado, responde todas as questões e agonias de Jó até mesmo sem dar conta de nenhuma das questões de Jó, e antes mesmo de dar-lhe de volta todos os bens terrenos que lhe havia subtraído. Dois trechos confusos em Jó estabelecem esses dois problemas. O primeiro está no versículo 7 do capítulo 42, quando Deus aprova as palavras aparentemente heréticas e blasfemas de Jó e desaprova os discursos aparentemente ortodoxos e piedosos dos seus amigos. O segundo está nos seis versículos anteriores, quando Jó, o homem mais exigente, impaciente e caprichoso da Bíblia, fica satisfeito.

A primeira passagem confusa é:

> Depois que o Senhor acabou de dirigir essas palavras a Jó, disse a Elifaz de Temã: Estou irritado contra ti e contra teus amigos, porque não falastes com retidão como meu servo Jó (Jó 42, 7).

Mas se o próprio Jó admitira que tinha pronunciado «discursos ininteligíveis» (42, 3)? Ele pensou que Deus fosse seu inimigo, pensou que Deus inventava agravos contra ele sem motivo, e até estimou que Deus perderia um julgamento justo entre os dois. Quão horroroso seria ganhar uma causa contra Deus! Que esperança, então, haveria? Nossa única esperança, como Kierkegaard diz tão arrebatadoramente, é a «reflexão edificante de que, contra Deus, estamos sempre errados». Se consideramos que a fonte de toda justiça está errada, então não há realidade correta com a qual possamos nos reconciliar, na qual possamos esperar e encontrar nosso caminho. As palavras de Jó são tolas, bárbaras e blasfemas. Como pode Deus dizer que ele falou bem?

E como pode Deus dizer que os três amigos não falaram a verdade? Cada afirmação sua é repetida dezenas de vezes na Bíblia. Eles defendem Deus, são piedosos e ortodoxos. O seu ponto de vista é «Deus há de ser reconhecido como veraz, e todo homem como mentiroso» (Rm 3, 4). O seu desejo é simplesmente que «Levantai-vos, Senhor! Não seja o homem quem tenha a última palavra!» (Sl 9, 19). Como isso pode ser falso e Jó verdadeiro?

Uma «solução» encontrada por intérpretes radicais é dizer que Jó foi escrito por hereges e que contradiz o resto da Bíblia. (Todos os que dizem isso parecem querer dizer que o resto da Bíblia é herético porque contradiz Jó). A teoria é que Jó teria agido bem e Deus, mal, que Jó seria o herói e Deus o vilão. É a mesma tolice, claro, com que Jó flerta ao imaginar-se vencendo uma ação em juízo contra Deus. Tem de haver uma solução melhor.

E há. Lembremo-nos das palavras de Deus aos três amigos : «não falastes com retidão» (42, 7). Ou seja: Deus não diz que Jó falou a verdade, mas que falou verdadeiramente, e não diz que os três amigos faltaram com a verdade, mas que não falaram como Jó. Qual a diferença entre falar a verdade e falar verdadeiramente?

É a diferença que há entre um substantivo e um advérbio, entre a verdade no conteúdo do que é dito e a verdade no ato de falar em si. Falar ou não a verdade é uma questão objetiva, enquanto que falar verdadeiramente ou não, é subjetiva. Jó não falou sempre a verdade, mas sempre falou verdadeiramente. Suas palavras nem sempre estiveram na verdade, mas ele sim. Ele tinha a qualidade do verdadeiro, da fidelidade, no seu ser e no seu ato.

O que significa isso especificamente? Jó adere a Deus, procura a intimidade com Ele, fala-lhe com paixão e preocupação. Já os três amigos ficam satisfeitos com a correção das palavras, com «ortodoxia morta». As palavras de Jó não refletem Deus exatamente, como a dos três amigos, mas Jó tem uma relação verdadeira com Deus, ao contrário dos seus três amigos: uma relação de coração e alma, uma paixão de vida ou morte. Ninguém se relaciona verdadeiramente com Deus sem uma paixão de vida ou morte. Uma relação com Deus que seja apenas finita, parcial, reservada ou calculista não é verdadeira. Deus é tudo ou nada. Jó pensa que Deus o deixou na mão, de modo que em certo sentido Deus se tornou nada para ele. Isso é um erro, mas Jó sabe pelo menos que é necessariamente tudo ou nada. Deus é o amor infinito, e o oposto ao amor não é o ódio, mas a indiferença. O amor de Jó por Deus está infestado de ódio, mas o amor dos três amigos por Deus está infestado de indiferença. É como se Jó se mantivesse casado com Deus e jogasse pratos contra Ele; os três amigos tem uma relação polida e não-marital, com quartos e férias separadas. A família que briga unida permanece unida.

Há uma segunda razão pela qual Jó falou verdadeiramente. A diferença mais óbvia e importante entre os discursos de Jó e dos três amigos escapa à nossa percepção pelo mesmo motivo que a carta roubada do conto de Edgar Allan Poe escapa aos policiais que reviraram todos os cantos de uma casa à sua procura: está bem na nossa cara[26]. Foi necessário que Martin Buber a apontasse para

---

(26) No conto «A carta roubada», policiais reviram uma casa de um suspeito à procura de uma carta comprometedora que ele roubara de uma mulher. No

mim, e esta pequena descoberta iluminou subitamente todo o livro de Jó como nenhuma outra: a diferença é simplesmente que os três amigos falam *sobre* Deus, mas Jó fala *com* Ele.

Isso é falar «verdadeiramente», porque é falar com Deus como Ele é, isto é, sempre presente como uma Pessoa, não ausente como um objeto. Buber diz que «Deus é um Tu que nunca pode se tornar um *isso*», ou seja, nunca pode ser tratado na terceira pessoa. E também diz, pela mesma razão, que «Deus é um interlocutor, mas nunca um assunto».

Imagine que você e eu estamos frente à frente e que você começa a falar com um terceiro sobre mim, ignorando a minha presença. Isso não é só altamente ofensivo; é também metafisicamente impróprio. É tratar o real como irreal, tratar uma presença como se fosse uma ausência. E isso é o que os três amigos de Jó fazem o tempo todo. Eles nunca rezam, somente pregam. Jó está sempre em oração, como Santo Agostinho nas suas *Confissões*: toda palavra é pronunciada ou para Deus ou na sua presença. É por isso que há tanta luz mesmo no meio da confusão: Jó insiste em permanecer na presença de Deus, que é luz. Os três amigos tentam gerar a própria luz raciocinando sobre Deus como se Ele fosse um conceito abstrato. Deus está bem ali, entre Jó e os amigos, em volta do monte de esterco. Jó acredita nessa verdade fundamental e, portanto, fala verdadeiramente (isto é: para o Deus que sempre está presente), enquanto os três amigos agem como se

---

final, o detetive particular Dupin descobre que a carta estava num lugar aparentemente impensável: bem à vista no cesto de papéis em cima da escrivaninha. (N. do E.)

Deus estivesse ausente. Porque a segunda pessoa significa presença, enquanto a terceira significa ausência.

A lição mais prática que aprendemos de Jó – a mais prática que poderemos tirar de qualquer coisa – é a «prática da presença de Deus», o exercício mais simples do realismo e da santidade. Os dois são idênticos, porque ambos significam viver na realidade, não na ilusão, agindo como se o real fosse real. E a realidade mais fundamental é o Deus que está presente.

A outra passagem obscura de que falávamos no começo desta seção é a resposta de Jó ao discurso de Deus:

Sei que podes tudo, que nada te é muito difícil. Quem é que obscurece assim a Providência com discursos ininteligíveis? É por isso que falei, sem compreendê-las, maravilhas que me superam e que não conheço. Escuta-me, deixa-me falar: vou interrogar-te, tu me responderás. Meus ouvidos tinham escutado falar de ti, mas agora meus olhos te viram. É por isso que me retrato, e arrependo-me no pó e na cinza (Jó 42, 2-6).

Jó é o homem mais exigente da Bíblia, o «São Tomé» do Antigo Testamento. Por que esse Sócrates judeu fica repentinamente satisfeito? Deus não respondeu nenhuma das suas perguntas. Na verdade, tudo o que Deus disse soou mais ou menos assim: «Afinal, o que é que você sabe? Que direito você tem de saber a resposta? Diga: quem você pensa que é?» Até um homem comum se desapontaria com tal resposta. Quão desapontado deve ter ficado o super-questionador.

Façamos uma experiência mental para descobrir por que motivo Jó ficou satisfeito. Digamos, por hipótese, que Deus tivesse dado a Jó o que ele esperava. E que Deus tivesse respondido cada uma das perguntas do seu servo com total clareza e adequação. (Deus poderia certamente fazê-lo se quisesse). Digamos que Deus houvesse escrito um livro de teologia definitivo para Jó. Então, qual teria sido o resultado?

Acho que conheço o resultado, porque acho que conheço Jó. Jó teria ficado satisfeito por cinco segundos depois de ter lido o livro, talvez até por cinco minutos. Mas então mais questões teriam surgido, como a cabeça da Hidra: perguntas sobre as perguntas, perguntas sobre as respostas, perguntas sobre a interpretação das respostas de Deus. Toda resposta produz outras dez perguntas para uma cabeça como a de Jó, isto é, a cabeça de um filósofo de alto nível, honesto e apaixonado. E então o debate intelectual teria começado de novo. As centenas de soldadinhos da parte de Jó teriam ido de encontro a uma centena de grandes guerreiros da parte de Deus. E, é claro, seriam vencidos. Mas daí haveria outra centena ou milhar. O ser humano tem uma capacidade infinita de se maravilhar. Nada o detém, nem sequer as respostas, porque cada resposta provoca mais dez perguntas. No final, teríamos um campo de batalha intelectual completamente lotado de cadáveres de ideias assassinadas e incompreensões refutadas. Eles se acumulariam exponencialmente e seriam um muro entre Deus e Jó, como o muro entre os três amigos e Deus. O perigo da verdade é que ela fica obscurecida por verdades. Só há uma maneira de evitar esse perigo, e é o que Deus emprega com Jó. Essa maneira tem duas partes. A primeira, negativa, é não dar as respostas, ainda que sejam verdadeiras e adequadas; não cortar uma das cabeças da Hidra para que não cresçam outras duas no seu lugar. Assim, Deus não responde às interrogações de Jó, mas sim a Jó, e esta é a segunda parte, a do coração. Assim como Jesus sempre responde aos seus questionadores e não às perguntas deles, já que Ele vê que a questão real é o questionador, Deus, em Jó, também responde à busca mais profunda do coração de Jó: ver Deus face a face; ver a Verdade, não as verdades; encontrar-se com a Verdade, não deparar com um de seus muitos reflexos. A satisfação de Jó, a única resposta que pode nos satisfazer, no tempo e na eternidade, a única resposta capaz de superar o tédio e a vaidade das vaidades, a resposta definitiva tanto ao Eclesiastes como aos três amigos é Aquele que responde, e não a resposta.

«Meus ouvidos tinham escutado falar de ti, mas agora meus olhos te viram». Esse é o clímax do livro de Jó. Esse é o versículo mais importante: o propósito por que Deus fez Jó atravessar o monte de esterco. Esse é o sentido da vida, a sua finalidade, a sua razão; essa é a solução para o problema do mal e para o conflito entre fé e experiência, a solução para o problema do significado da vida, para o problema da minha identidade, e a solução para o problema de Deus, o problema de quem é Deus. Essa é a resposta para tudo. Ninguém, nem mesmo Jó, ficaria insatisfeito com ela. Ninguém proporá nenhuma outra questão depois de ter visto essa resposta. Ninguém jamais se sentirá deixado na mão, enganado ou desapontado com essa resposta, por mais exigente e caprichoso que seja. Essa é a resposta que preenche o vácuo infinito com a forma de Deus no coração humano: Deus.

A maior pergunta jamais feita e a maior resposta jamais dada estão num incidente da vida de São Tomás de Aquino. Tomás estava sozinho na capela – ele achava que não havia mais ninguém, mas seu amigo Reginaldo o vigiava e jurou que viu e ouviu esses eventos – e rezava diante do altar. Uma voz veio da boca de Cristo pregado na Cruz: «Escreveste bem de Mim, Tomás. O que desejas possuir como recompensa?» Esta é a mesma questão com que Cristo começou o seu ministério público, no Evangelho de São João: «Que procurais?» (Jo 1, 38) E a resposta igualmente grande que São Tomás deu a Deus, a resposta que me engasga a garganta e põe um passarinho dentro do meu coração cada vez que a digo, é: «Somente Tu, Senhor». O teólogo que encontrou milhares de respostas – e mais respostas adequadas que qualquer outro teólogo na história – quer somente uma coisa, o «único necessário» que Maria quis e Jesus quis que Marta quisesse: o único necessário (Lc 10, 42).

Esse é o porquê da satisfação de Jó. Ele não conseguiu o que achava que queria, mas sim o que queria de verdade. Não conseguiu o que a cabeça e a sua consciência pensavam que queriam, mas o que o seu coração, lá no fundo, sabia que queria. É impossível evitar: Deus nos fez assim. Há somente uma chave para esse cadeado, e somente um Romeu para essa Julieta. Um abismo chama outro (Sl 41, 8), e somente o infinito pode unir-se ao infinito. Assim como nenhum animal era adequado para ser companheiro de Adão (cf. Gn 2, 18-24), nenhuma criatura é adequada ao amor humano e, por consequência, nenhum conceito. Um conceito é como uma fotografia, e um homem não pode casar-se com uma fotografia (embora muitos de nós tentem e se relacionem mais com a esposa ou amigo ideal que têm na cabeça do que com a pessoa real que supera qualquer fotografia). Jó fica satisfeito porque descobre que a vida inteira é uma espécie de namoro e que agora vai finalmente se casar. A Visão Beatífica que aguarda todos os crentes no Céu lhe é dada por um momento na terra.

Essa é a diferença entre um conhecimento de segunda e um de primeira mão, entre «ouvir falar» e «ver». Jó havia ouvido muitos sermões doutos sobre Deus, mas agora ele viu Deus. É como se você nunca tivesse visto o seu pai, que estava servindo na Legião Estrangeira. Ele enviava cartas que a sua mãe (a Mãe Igreja) entregava e interpretava para você. E eis que um dia Ele aparece na porta e diz: «Aqui estou». As cartas eram perfeitamente exatas, e a sua mãe as interpretava com exatidão. Ainda assim, ver o seu Pai com os próprios olhos seria infinitamente diferente. Um minuto da sua presença valeria mais que todas as cartas do mundo.

Num dos seus sermões, Santo Agostinho imagina Deus vindo à alma e perguntando-lhe quase o mesmo que Cristo perguntou a São Tomás. A ideia é fazer os seus ouvintes se perguntarem se o seu amor a Deus é puro, se vivem o primeiro e mais importante mandamento: amar a Deus com todo o seu coração e toda a sua alma. A proposta de Deus é mais ou menos a seguinte: «Eu te darei qualquer coisa. Nada será impossível para ti. Terás um poder infinito. Nada será para ti pecado, e nada te será proibido. Nunca morrerás, nunca sentirás dor, nunca terás nenhuma preocupação e terás todos os bens que desejares, à exceção de um: nunca verás a minha face». Você aceitaria o acordo? Se não aceitaria, o seu amor a Deus é puro. Pois veja o que acabou de fazer: abriu mão do mundo – de todos os mundos possíveis e imagináveis, todos os mundos desejados – por Deus. Agostinho pergunta: «Acaso um calafrio te percorreu a espinha quando ouviste as palavras "nunca verás a minha face"?» Esse calafrio é a coisa mais preciosa que você tem: o puro amor de Deus.

Jó também sentiu esse calafrio ao longo dos seus sofrimentos. E o seu único assunto não são as dores, a perda dos bens nem mesmo da família, mas sim a perda de Deus. Aparentemente, ele foi abandonado por Deus; aparentemente, nunca mais teria a chance de ver o rosto de Deus. E isso era o que ele mais desejava, ainda que precisasse morrer. Ele disse, na verdade, o mesmo que Santo Agostinho nas *Confissões*: «Não me escondais o rosto. Que eu morra para o contemplar, a fim de não morrer eternamente!»[27]

Somente uma coisa é garantida nesta vida: não é a felicidade, nem a busca da felicidade, nem a liberdade, nem mesmo a vida. A única coisa absolutamente garantida é a única de que precisamos absolutamente: Deus. E a sabedoria consiste essencialmente em querer absolutamente aquilo de que precisamos absolutamente, em conformar o nosso querer com a realidade. Jó é incomparavelmente mais sábio do que o Eclesiastes por causa disso. Devemos nos identificar com Jó, não com o Eclesiastes, porque a

---

(27) Livro I, capítulo V.

«vaidade» do Eclesiastes é a filosofia do Inferno, enquanto a busca de Jó é a filosofia do Purgatório. E todos que colam grau na Faculdade do Purgatório entram com louvor no Céu.

Cântico dos Cânticos:
A vida como amor

Antes de começar a escrever sobre o Cântico dos Cânticos, confesso que estou numa aventura acima das minhas capacidades. É como se eu fosse do time de futebol da escola e de repente me visse em campo num estádio da primeira divisão. Esse livro foi o favorito de grandes santos e místicos, como São Bernardo de Claraval, São João da Cruz e São Tomás de Aquino, que o estava comentando quando morreu. (Que senso de oportunidade! Deus interrompeu o trabalho do fotógrafo do casamento assim que a suíte nupcial ficou pronta.) Serei capaz de jogar no estádio deles?

É claro que não. De qualquer maneira, convido o leitor a pisar o gramado onde até os anjos temem jogar. Vamos ser tolos juntos. Talvez não consigamos jogar na primeira divisão, mas ao menos podemos jogar o mesmo jogo. Afinal de contas, o Cântico dos Cânticos é sobre o amor, e o amor, obviamente, é para todos.

Além da minha falta de habilidade, temos que lidar com outro problema logo de saída: o Cântico dos Cânticos é o único livro da Bíblia em que Deus não é mencionado sequer uma vez[28]. Como pode, portanto, ser um favorito de grandes santos?

Essa pergunta é fácil de responder: Deus está no livro inteiro, simbolicamente. O Noivo, Salomão, o Rei: todos são símbolos de Deus, e a esposa pela qual Ele se decidiu é um símbolo da alma ou do povo escolhido, Israel ou a Igreja, o novo Israel. Interpretado simbolicamente, o Cântico dos Cânticos é o livro mais íntimo da Bíblia. Ele descreve o último propósito da vida, que encontramos no final de Jó: o encontro e o matrimônio entre Deus e o homem. Essa é a esperança mais sagrada e feliz do coração humano, a nossa maior necessidade desde que nascemos, a caça que perseguimos e a meta que almejamos. É o último capítulo na história de cada vida, a razão e a finalidade de tudo.

O Cântico dos Cânticos é também a chave para o resto da Bíblia. A Sagrada Escritura, é claro, é um livro sobre a vida real – é a obra mais realista jamais escrita. E o tema de toda história real de vida é o amor. A Bíblia inteira é uma história de amor porque Deus, o Autor, é Amor. Por trás das aparências de uma história de guerra, de detetive, de tragédia, comédia ou farsa, a vida é uma história de amor. Por isso, o Cântico dos Cânticos é a resposta definitiva à questão do Eclesiastes e à busca de Jó.

É uma história de amor dupla, vertical e horizontal, divina e humana. Os dois grandes mandamentos são o

---

(28) Por causa de uma ambiguidade no texto hebraico original, a palavra *Iahweh* aparece em algumas traduções – como a da Bíblia de Jerusalém – no versículo 8, 6, mas não na maioria delas.

amor de Deus e do próximo. Assim, esse poema de amor deve ser interpretado em dois níveis, o divino e o humano. O noivo simboliza Deus, mas também é qualquer homem, literalmente. A noiva simboliza a alma, mas também é qualquer mulher, literalmente. Interpretar um livro ou uma passagem simbolicamente não significa abandonar a interpretação literal. Há um preconceito imperdoável no ambiente dos eruditos da Bíblia, tanto amadores quanto profissionais, segundo o qual é preciso escolher entre a interpretação simbólica e a literal. Os fundamentalistas se arrepiam só de ouvirem falar em simbolismos, e os modernistas gritam se alguém menciona o sentido literal. Acho que já é tempo de redescobrir as riquezas do método, eminentemente sábio e são, da exegese quádrupla[29] de Santo Tomás e outros medievais, e voltar a escalar as alturas hermenêuticas das quais caímos.

O Cântico dos Cânticos toma o amor romântico e o casamento, em vez de qualquer outra das muitas formas de amor humano, como símbolo do amor de Deus porque o amor romântico e o casamento consistem no mais pleno de todos os amores humanos. Essa é uma das coisas que veremos na nossa incursão pelo texto (no ponto 24). O amor matrimonial inclui a amizade, o afeto, o desejo e a caridade numa rica mistura, como um café gourmet.

---

(29) «Segundo uma antiga tradição, podemos distinguir dois *sentidos* da Escritura: o sentido literal e o sentido espiritual, subdividindo-se este último em sentido alegórico, moral e anagógico. A concordância profunda dos quatro sentidos assegura a sua riqueza à leitura viva da Escritura na Igreja» (*Catecismo da Igreja Católica*, n. 115). (N. do E.)

Esposo e esposa dão um ao outro o máximo que é humanamente possível dar: todo o seu ser, corpo e alma, vida, tempo, amigos, bens, filhos. Nada é negado. É por isso que a Igreja se opõe aos anticoncepcionais artificiais: eles são uma negação deliberada do componente procriativo do matrimônio, assim como os bebês de proveta são a negação do componente unitivo e o moralismo puritano nega o prazer do componente erótico. Deus quis que todos esses componentes fossem um, que não houvesse separação entre a entrega recíproca do homem e da mulher, a união dos dois numa só carne e a criação de uma nova vida. E tudo isso está nos Cânticos.

O livro dos Cânticos é o passo seguinte depois de Jó, o passo do Purgatório para o Céu. A vaidade de Eclesiastes era o Inferno na terra, o sofrimento de Jó era o Purgatório na terra, e o amor de Salomão é o Céu na terra. A terra é um antegosto, uma preliminar. Quando a morte abre a porta de saída da vida, e a luz palpável de Deus jorra em torrentes douradas sobre os olhos estupefatos e desejosos do penitente purificado, ele já se sentirá no Céu, mesmo que ainda esteja no Purgatório. Porque até os vestiários da Mansão de Deus são de ouro; as próprias águas purgatoriais que lavam as últimas manchas do pecado são torrentes do amor de Deus. É por isso que os santos dizem que há dor e alegria no Purgatório. Embora as nossas feridas ardam e a lama tente permanecer grudada em nós, não vamos nos encolher nesse banho do amor de Deus; antes, ergueremos a cabeça e pediremos mais. É exatamente isso que Jó faz quando Deus vem até ele. Seus pés ainda estão afundados na lama, mas a sua cabeça está na glória.

Essa também é a parábola da situação de cada um dos cristãos. Porque Cristo não instaurou um Céu imediato na terra. Ele não corrigiu todas as injustiças do mundo na sua primeira vinda; Ele plantou a semente da redenção universal. O campo da terra e da natureza humana já não é estéril, mas repleto da semente da vida divina. Mas leva tempo para a semente crescer, para o Reino vir, e recebemos o mandato de rezar e trabalhar para essa vinda, esse crescimento, ainda que não vejamos nem os frutos, nem as flores, nem as folhas, nem mesmo o verde do broto da árvore sobrenatural que Deus plantou no mundo pela Encarnação e nas nossas almas pelo batismo e o novo nascimento.

O Cântico dos Cânticos completa a nossa *Divina Comédia*, mas também devemos agradecer ao Eclesiastes e a Jó, porque foi Jó que nos trouxe até aqui e foi o Eclesiastes que nos motivou a buscar este «aqui», este Céu, graças à sua honestidade sobre o terror da alternativa.

Depois de lerem o Cântico dos Cânticos pela primeira vez, muitos leitores modernos acham estranho que qualquer um – quanto mais a maioria da espécie humana e por séculos – afirme que esse livro é o maior de todos os poemas de amor. Evidentemente, há nele algo que não se pode ver a olho nu. Quando os olhos podem contar com o auxílio de óculos com as lentes do amante e do poeta, enxergam dimensões e profundezas de uma beleza estontante. Aqui vão algumas delas: vinte e seis características do amor, tanto humano como divino, que estão implícitas no poema. Se você quiser mais, tanto em quantidade como em qualidade, vá aos santos.

1. O amor é uma canção

A primeira e mais óbvia lição do Cântico dos Cânticos sobre o amor está no próprio título: o amor é uma canção. Isso, é claro, é uma imagem ou um símbolo. O amor, embora naturalmente se expresse como uma música, não é literalmente isso. O que essa imagem sugere? Deus é amor, e a música é a linguagem do amor. A música é uma linguagem mais profunda do que as palavras. Quantas vezes você já não ouviu uma grande composição musical e não sentiu isso? A boa música não faz apenas você se sentir bem; a boa música aponta para uma verdade profunda ou um significado misterioso que não é traduzível em palavras. As tentativas de explicar o sentido de uma música com palavras sempre fracassam. É como tentar alegorizar um símbolo, tentar reduzir a um significado literal algo que tem mil significados não-verbais. O amor segue esse padrão: (1) não é só um sentimento subjetivo, mas uma verdade objetiva; (2) é ao mesmo tempo misterioso e cheio de sentido; e (3) o seu significado nunca é redutível a palavras. A rede das palavras nunca consegue apanhar o peixe do amor, assim como a rede da «interpretação» nunca consegue capturar a música em si.

Eu acho que a música é a linguagem na qual Deus criou o mundo. C.S. Lewis, em *O sobrinho do mago*[30], e J.R.R. Tolkien, em *O Silmarillion*[31], contam essa história, que finca raízes numa tradição antiquíssima, mais velha

---

(30) C.S. Lewis, *O sobrinho do mago* [*The Magician's Nephew*, 1955], 4ª edição, Martins Fontes, São Paulo, 2014. Tradução de Paulo Mendes Campos.

(31) J.R.R. Tolkien, *O Silmarillion* [*The Silmarillion*, 1977], 5ª edição, Martins Fontes, São Paulo, 2012. Tradução de Waldéa Barcelos.

que Pitágoras e a sua «música das esferas». Nós, modernos, costumamos considerar a música um ornamento tardio à fala, mas suspeito que seja o inverso: a fala é um desenvolvimento tardio da música. A canção não é uma poesia elaborada, e a poesia não é uma prosa elaborada; a prosa é a poesia fossilizada e a poesia é a música fossilizada. Penso ser assim porque: (1) «No começo, era Deus», (2) «Deus é amor», e (3) o amor não é uma fala. Nunca nos referimos a «falas de amor», mas somente a «canções de amor».

Portanto, no começo era o Cântico dos Cânticos. Esse livro tem uma origem mais remota que o Gênesis. O seu início está no coração da Trindade.

2. O amor é a maior das canções

Também no título está a noção de que o amor não é só mais uma canção. O hebraico não tem o grau superlativo e usa a seguinte fórmula: o maior dos reis é «o rei dos reis» e a maior canção é «a canção das canções». (O outro título do livro, a Canção de Salomão, é uma invenção dos editores modernos. O nome das obras, na Escritura hebraica, é sempre o primeiro versículo, porque esses escritos eram manuscritos enrolados e não livros que tivessem capas próprias ou páginas de título.)

O que significa chamar o amor de «a maior das canções»? O primeiro e mais óbvio sentido é que o amor é o maior dos *valores*. O próprio poema, quase no final, diz isso: «Se alguém desse toda a riqueza de sua casa em troca do amor, só obteria desprezo» (Cant 8, 7). Nada pode comprar o amor porque nada é tão precioso quanto ele;

ele não pode ser trocado por nada. (Esse também é um dos motivos pelos quais o amor deve ser livre, como veremos adiante.) Nisso, o Cântico dos Cânticos antecipa o capítulo 13 da Primeira Epístola aos Coríntios: «A maior delas é o amor».

Mas acho que também há um segundo significado: o amor é a maior das canções também em extensão. A canção do amor criador de Deus, isto é, a nossa vida, abarca todas as outras canções. O amor é o significado do conjunto. Somos todos notas na sinfonia de Deus. Quando escutamos somente a nossa própria nota e a daqueles que nos são próximos, não temos a impressão de estarmos diante de uma música ou do amor. Quando, porém, damos um passo atrás, e ouvimos o todo, tudo se encaixa no seu lugar como numa obra-prima. É claro que não temos condições de dar esse passo atrás apenas pelas nossas forças. Como poderíamos saber qual a perspectiva de Deus? Se ao menos Ele nos tivesse revelado... e revelou! A fé implica crer nessa Revelação divina. O olhar do homem que enxerga as coisas do ponto de vista de Deus é precisamente o olhar da fé.

A diferença prática que essa imagem faz é imensa. Se você acha que só faz ruídos sem sentido, você está na «vaidade» do Eclesiastes. Se você acha que faz música, você está enamorado. É por isso que Jó é tão dramático. A sua pergunta, em última análise, é: Será que faço barulho ou música? Estou na vaidade ou no amor?

Uma imagem é o uso de uma parte para simbolizar o todo. Há uma porção de exemplos disso na mitologia e na linguagem corrente: a terra é um grande ovo (mito hindu); os nove mundos existentes nascem de uma colossal árvore chamada Yggdrasil (mito nórdico); o mundo está apoiado nas costas de uma tartaruga gigante (mito chinês); a vida é uma caixinha de surpresas. Todas essas imagens tentam compreender algo do todo pelo uso simbólico da parte. Isso é assim porque não temos um conceito do todo, do significado de todas as coisas, já que os conceitos sempre são definidos e finitos e separados das outras coisas. A mente humana é finita e só pode compreender conceitos finitos. Mas há uma maneira pela qual um conceito parcial e finito pode vir a significar ou sugerir o todo: o simbolismo. O todo é um pouco parecido com um ovo, com uma árvore, uma tartaruga ou uma caixinha de surpresas. Por isso Jesus se vale com frequência de imagens dramáticas chamadas parábolas para indicar o misterioso e indefinível, mas bem real e definido, Reino de Deus: ele é como a semente de mostarda, como uma rede de pesca, como uma pérola, como uma vinha. Uma imagem vale mais que mil palavras, especialmente quando vêm em sequência e formam uma narrativa. De alguma maneira, esses símbolos apontam para algo além do seu significado aparente.

A questão fundamental dos três livros sapienciais que exploramos aqui é: o que é a vida humana, a existência humana? A resposta do Eclesiastes é a triste palavra *vaidade*, nada, vazio. Jó descobre que o significado da vida é também sofrimento, mas a finalidade desse sofrimento só lhe fica clara no final. A resposta do Cântico dos Cânticos é que a vida inteira é uma canção de amor. Cada partícula subatômica, desde o Big Bang até o resfriamento do Sol, é uma nota nesta sinfonia incrivelmente complexa. Cada evento, tudo o que já aconteceu, a queda de cada fio de cabelo e de cada pardal, é um tema na mais-que-perfeita melodia dessa música. Mas nós que estamos imersos nela não a ouvimos ou descobrimos, a não ser que ela nos seja revelada pelo Cantor, que está fora dela e é o único capaz de saber a sua finalidade. Assim como Pitágoras disse que não ouvimos a «música das esferas» pela mesma razão que o ferreiro não ouve o martelar na bigorna – por estar muito próximo e muito acostumado –, nós também só ouviremos o todo quando estivermos fora dele, depois da morte. No Céu, ouviremos a nós mesmos cantando, isto é, ouviremos a parte que cantamos quando estávamos nesta terra.

3. O amor é diálogo

O poema tem a forma de um diálogo, a noiva e o noivo cantando alternadamente um para o outro, porque o amor é essencialmente diálogo, e a forma do poema perfeito se manifesta no seu conteúdo; o meio manifesta a mensagem.

Há somente três mensagens fundamentais, três filosofias de vida. Para os ateus, existe apenas um monólogo humano sem que haja um Deus com quem falar. Para os panteístas, há só o monólogo divino sem um mundo criado de almas livres com quem Deus possa dialogar. Tudo seria Um. Apenas no teísmo há um diálogo entre o Criador e a Criatura. Somente no teísmo a humanidade se confronta com um Outro.

E assim, o diálogo entre amantes apresenta uma filosofia de vida. Não é por acaso que a poesia sobre o amor floresça mais nas mentalidades teístas do que nas panteístas ou ateias. O diálogo entre o homem e a mulher no Cântico dos Cânticos reflete o diálogo *interior* do Criador, o diálogo entre o Pai e o Filho que se torna eternamente o Espírito Santo. A vida é basicamente um diálogo porque é um reflexo de Deus; e a própria vida de Deus, a eterna vida íntima da Trindade, é um diálogo de amor. Nós fomos feitos para estarmos acompanhados porque Deus está eternamente acompanhado, está sempre em comunhão; a comunhão está no coração de Deus. Alteridade, pluralidade, individualidade, sociedade, e assim o amor é tão fundamental quanto a unidade. Isto é o que o panteísmo não vê: que «estar com», «ser com» é da própria natureza do ser; que a relação não é uma categoria acidental ou um acréscimo externo, como o tempo ou o espaço; que são transcendentais ou propriedades universais do ser não só a unidade mas também a pluralidade, não só a igualdade mas também a alteridade, e não só a verdade, a bondade e a beleza mas também o amor, ao menos na sua forma mais rudimentar como tendência inerente para o outro. A mais simples conversa manifesta o mais alto mistério.

4. O amor é sinérgico

O moto-contínuo, a máquina capaz de mover-se reaproveitando indefinidamente a energia gerada pelo próprio movimento, não existe. Por outro lado, o moto-contínuo espiritual existe: é o amor. O amor é uma força que não cessa: quanto mais amamos, mais somos amados; e quanto mais somos amados, mais amamos. Não há limite para esse processo. Até o amor humano é potencialmente infinito, e o amor divino é realmente infinito. Não há nenhuma barreira para o amor. E não há nenhuma inércia ou gravidade na estrutura interna do amor. O amor se gasta apenas pela fricção externa, não pela interna. O amor em si tende a crescer, nunca a minguar.

Vemos isso no Cântico dos Cânticos à medida que o poema avança. Quanto mais cada um é amado pelo outro, tanto mais ele ou ela responde com um amor aumentado, e vice-versa. Depois que ele diz que ela é um «lírio entre os espinhos» (Cant 2, 2), ela responde que ele é «como uma macieira entre as árvores» (2, 3); e depois que ele declara «olha: tu és bela, meu amor» (1, 15), ela ecoa «olha: tu és belo, meu amor» (1, 16). Eles trocam elogios cada vez mais audazes porque refletem o amor um do outro.

O amor, como força espiritual mais fundamental do universo, transcende todas as outras forças e suas leis. Transcende especialmente o princípio da entropia física: a sua energia não diminui, apenas aumenta. É por isso que o Céu nunca fica tedioso. É por isso também que o amor é o único meio de vencer o tédio na terra.

5. O amor é vivo

O amor é o produto de coisas que estão vivas. Animais têm amores animalescos, seres humanos têm amores humanos, e Deus tem amor divino. Até no nível animal, o amor tende a ser a origem de uma ninhada de novas vidas, mas esse amor não é uma coisa viva em si. Em Deus, porém, ele é. É o Espírito Santo. O amor entre o Pai e o Filho é tão vivo que vive uma vida própria, é uma Pessoa em si mesmo, a Terceira Pessoa da Santíssima Trindade. O amor humano tem semelhanças com o amor divino e o animal. Para produzir novas pessoas, nosso amor precisa da reprodução biológica, como os animais. Mas ele também se parece com o divino na medida em que está vivo. Não é literalmente uma outra pessoa, como o Espírito Santo, mas é mais que um sentimento numa pessoa. Costumamos ver o amor como algo que encontramos, não que inventamos, uma coisa diferente de nós, maior do que nós. Por quê? Todos os mitos antigos viam o amor como um deus ou deusa, como uma entidade real e viva, que entrava na vida das pessoas e as submetia aos seus caprichos. Por quê? Se formos velhos o suficiente para nos lembrarmos de um clichê de Hollywood, afirmaremos que o «amor é maior do que nós dois». Por quê? Se o amor fosse só um sentimento confinado no peito de uma única pessoa, essas expressões espontâneas da cultura não seriam explicáveis. Mas se o amor é uma força real e viva, presente não só em nós, mas também entre nós, então há uma explicação. O amor vive.

Assim, todas as imagens para o amor no poema dos Cânticos, como na maioria das obras do estilo, são de coisas que vivem e crescem: um jardim (4, 12.16), uma vinha (7, 12; 8, 11-12), um poço de água viva (4, 15). O amor cresce como uma planta. Não é que ele cresça em nós, dentro de nós, como uma função nossa; somos nós que crescemos nele, com ele, como uma função dele. Ele tem uma vida própria, porque ele é, radicalmente, uma semente de Deus plantada nas nossas vidas. «Deus é amor, e quem permanece no amor permanece em Deus e Deus nele» (1 Jo 4, 16).

6. O amor é um evangelho

O amor é uma notícia, uma boa notícia, um Evangelho. O amor é a promessa de uma futura alegria, esperança de uma recompensa futura. Suas palavras sempre nos animam. Até Freud percebeu isso: ele divide as forças fundamentais da psique em duas: *eros*, a força vital, nos empurra para adiante, enquanto *thanatos*, a força de morte, o desejo de morte, arrasta-nos para a tumba. É um resíduo ou relíquia, no pensamento desse psicanalista ateu e imoral, da grande visão mosaica da vida como uma batalha entre a vida e a morte, a obediência e a desobediência a Deus:

> Tomo hoje por testemunhas o céu e a terra contra vós: ponho diante de ti a vida e a morte, a bênção e a maldição. Escolhe, pois, a vida, para que vivas com a tua posteridade, amando o Senhor, teu Deus, obedecendo à sua voz e permanecendo unido a ele (Dt 30, 19-20).

O drama do Cântico dos Cânticos, assim como o da vida, é a escolha entre *eros* ou *thanatos*, a vida ou a morte, o Sim ou o Não, como as duas possíveis respostas ao Evangelho do Amado. O Evangelho faz promessas maravilhosas e misteriosas. A alma humana acreditará nelas?

Ela terá fé nAquele que lhe foi destinado? Ela se decidirá pela vida?

> Meu bem-amado disse-me:
> – Levanta-te, minha amiga, vem, formosa minha.
> Eis que o inverno passou, cessaram e
> [desapareceram as chuvas.
> Apareceram as flores na nossa terra, voltou o
> [tempo das canções.
> E em nossas terras já se ouve a voz da rola.
> A figueira já começa a dar os seus figos,
> e a vinha em flor exala o seu perfume.
> Levanta-te, minha amada, formosa minha, e vem
> [embora.
> (Cant 2, 10-13)

A resposta deve ser «ir embora» do passado, da morte, da escuridão e do sono. No capítulo 3, a noiva está com tanto sono que não responde a seu amado a tempo, e ele a deixa sofrer, chorar e buscar por ele. Assim como não haverá sono no Céu (sendo o sono uma imagem da morte), assim também não há sono no amor. Todas as imagens do Cântico dos Cânticos se referem ao amanhecer, e não ao poente: «Antes que sopre a brisa e as sombras se debandem» (2, 17).

O amor é um Evangelho porque é vivo. O amor não é um ideal abstrato; o amor é um convite de casamento. O amor não é algo de que possamos nos aproximar; é algo que se aproxima de nós. Nós não o ligamos; é ele quem nos liga como um interruptor liga a luz.

7. O amor é poder

Intimamente conectado ao amor como vida e ao amor como Evangelho está o amor como poder. As imagens do Cântico dos Cânticos são chocantes. Ele não é nunca fraco ou meloso. As comparações são tão fortes e ativas que chegam a ser militares. Que mulher já foi elogiada por alguém que a comparasse a um exército e a uma fortaleza? Esta foi: «És formosa, amiga minha, como Tirsa, graciosa como Jerusalém, temível como um exército em ordem de batalha» (6, 4); «Quem é esta que surge como a aurora, bela como a lua, brilhante como o sol, temível como um exército em ordem de batalha?» (6, 10) É a mulher, não o homem quem é descrito aqui. O terror aqui não é, certamente, nem o terror do desgosto (como em «aquele terrível encanamento infestado de ratos») nem o terror do medo servil (como em «que coisa terrível é um campo de concentração»), mas sim o terror do deslumbramento (como em O terrível Mágico de Oz).

Aqui não há lugar para a passividade chauvinista. A noiva não é nenhuma mimosa, nem o noivo quer que ela seja. Ela é tão ativa quanto ele, mas de um modo totalmente feminino. Ela é a aurora, que aqui vem como um trovão. Quando Deus vem a nós com seu amor não somos esmagados, mas fortificados; não ficamos apagados, mas acesos; não sujeitos passivos, mas ativos. Somos o segundo violino, mas o primeiro é ninguém menos do que Deus! E não tocamos a esmo, mas tocamos uma tempestade. Como veremos adiante, o amor de Deus é tão intenso que é «forte como a morte» (8, 6).

8. O amor é trabalho

O amor não é passivo. O amor é um dueto, e isto é trabalho. Trabalho alegre, mas nem por isso menos trabalho. Os enamorados jovens são primeiramente passivos, mas se querem permanecer apaixonados precisam trabalhar ativamente para manter seu amor e fazê-lo crescer, como uma semente recebida no solo que se não for cuidada e fertilizada morrerá. E assim a noiva canta: «Durante as noites, no meu leito, busquei aquele que meu coração ama; procurei-o, sem o encontrar. Vou levantar-me e percorrer a cidade, as ruas e as praças, em busca daquele que meu coração ama; procurei-o, sem o encontrar» (3, 1-2). A vida é uma procura por amor e por Deus, e não há carro ou avião nesta viagem. É uma procura antiquada, feita somente com nossos dois pés.

A história de amor mais tocante, bela, sincera e invejável que li recentemente foi o livro autobiográfico de Sheldon Vanauken, *A severe mercy* («Uma misericórdia severa»)[32], em que ele narra o seu relacionamento com a esposa. A pergunta que o autor mais recebe dos seus leitores é como ele e a mulher atingiram um amor tão belo, íntimo e total. Parecia bom demais para ser verdade. Não vemos mais esse tipo de amor por aí. O mundo moderno, embora fale incessantemente sobre o amor, já quase o assassinou completamente. Um casamento estável, para não dizer feliz e menos ainda jubiloso, é uma raridade, uma exceção, e não a regra. Qual foi o segredo de Vanauken?

---

(32) Sheldon Vanauken, *A Severe Mercy* (1977), HarperOne, Nova York, 2009.

A sua resposta é surpreendentemente mundana: trabalho. «Mantivemos nosso amor apenas porque trabalhamos para isso». O amor não crescerá nos campos modernos sem um labor constante. O solo já não é rico. Talvez o solo nunca tenha sido rico, mas as pessoas estavam mais preparadas para trabalhá-lo. De qualquer maneira, o amor não dura hoje em dia a não ser que os amantes estejam dispostos ao trabalho de uma vida inteira. E isso necessariamente supõe um sacrifício, pelo menos o sacrifício de todas as outras coisas que você poderia fazer.

O trabalho também requer paciência, um bem escasso nestes dias de *fast-food*, entregas expressas e de «viver o momento». É impossível que qualquer fruto cresça da noite para o dia. Não existem maçãs expressas.

Freud diz que as duas necessidades mais básicas de toda pessoa são trabalho e amor. É um ensinamento sábio (embora me pareça que, se alguém lhe pedisse para desenvolvê-lo mais, ele não diria coisas tão sábias). E essas duas coisas são uma só: para que o trabalho seja realizador, deve ser feito com amor, e para que o amor viva, deve ser um trabalho. Como disse Kierkegaard, o amor no cristianismo não é um sentimento como é no Romantismo; o amor é antes os trabalhos que acarreta. É por isso que Cristo nos deu um mandamento de amor: «Amai-vos uns aos outros» (Jo 13, 34). Somente um tolo tenta exigir sentimentos.

A coisa mais estranha, no entanto, acerca dos trabalhos de amor, é que são ao mesmo tempo trabalho e descanso, são dias de semana e *sabbath*. Jesus deixou isso claro quando os fariseus se iraram por causa das curas realizadas no dia santo. Na sua resposta, Ele diz que, na prática, tentar impedir um trabalho de amor é tão impossível quanto impedir o sol de brilhar. Pois o próprio Pai estende continuamente o seu braço para fora do *sabbath* da eternidade e toca a semana de trabalho que é o tempo, como fez na Criação. A resposta de Jesus foi: «Meu Pai trabalha até agora e eu também trabalho» (Jo 5, 17). O que isso tem a ver conosco, amantes humanos? Tudo, porque o trabalho do cristão é participar do Amor de Deus através de Cristo Mediador. Assim como o Pai, tal é o Filho; e assim como Cristo, tal é o cristão. Nosso trabalho de amor participa da dupla natureza de Cristo: divino e humano, eterno e temporal, descanso sabático e dia laboral, Domingo de Páscoa e Sexta-Feira Santa.

9. O amor é desejo e satisfação

Outro paradoxo do amor é ser agridoce. A sua própria doçura é amarga, e sua amargura é doce. Ambas as qualidades estão presentes no desejo. O desejo de amor, como todos os desejos, é amargo e doloroso porque não tem o que quer. Se tivesse, não desejaria, desfrutaria. Mas o próprio desejo também é doce, uma alegria, uma satisfação. Somente desejar a Deus é melhor que possuir o mundo inteiro. Essa ausência é melhor do que todas as presenças; esse desejo é melhor do que qualquer satisfação.

Assim, os anseios da noiva – a alma – no Cântico dos Cânticos não nos dão a impressão de tristeza: «Que me beije com beijos de sua boca! Teus amores são melhores do que o vinho» (1, 2). O desejo é saciado somente no final do poema (8, 5), mas é também já uma espécie de satisfação.

Dimitri, no romance *Os irmãos Karamazov* de Dostoievski, diz que, se Deus o puser no Inferno, dali mesmo ele lhe cantaria um hino de louvor, um «hino do subterrâneo». Isso transformaria o Inferno (ou as minas de sal da Sibéria) em Céu. A canção de amor faz o Céu. O Céu não torna a caridade de Deus amável; é a caridade de Deus que torna o Céu celestial.

Ninguém escreveu melhor sobre esse desejo do que C.S. Lewis, especialmente em *Surpreendido pela alegria* e em *O regresso do peregrino*. Esses são os livros a que você deveria recorrer se quiser explorar mais esse glorioso abismo sem fundo.

10. O sofrimento acompanha o amor

O amor naturalmente faz sofrer pela óbvia razão de que faz você se abrir, expor a sua parte mais tenra e vulnerável – a carne-viva do seu coração – à mercê do amado e do tempo e do destino. Se o amado é humano e não divino, você sempre será traído. Sempre trairemos o amor um do outro, de uma maneira ou de outra. Esse é o significado do pecado original. Ninguém é totalmente confiável. Coloque esperanças divinas sobre um ombro humano, ainda que seja de um santo, e você ficará amargamente desapontado. E não somente o amado, mas também o tempo, o destino e a vida parecem participar da culpa de Adão e da queda, de tal modo que, se há uma coisa totalmente previsível, é que «o curso do amor nunca correu tranquilo», como disse Shakespeare. Se você ama, sofrerá. O único modo de se proteger contra esse sofrimento é se proteger do amor – e esse é o pior dos sofrimentos, a solidão.

Mas no próprio ato de sofrer, o amor é capaz de transformar a dor, redimi-la, conquistá-la. Como uma enxurrada tão forte que nenhuma represa pode deter, como uma avalanche que transforma as barreiras construídas para detê-la numa parte de si, assim o amor transforma o sofrimento que parece se levantar contra ele numa parte de si próprio. Assim a noiva do Cântico dos Cânticos se refere à sua dor de amor e às queimaduras deixadas na sua pele como sinais de beleza:

> Sou morena, mas sou bela, filhas de Jerusalém,
> como as tendas de Cedar, como os pavilhões de
> [Salomão.
> Não repareis em minha tez morena, pois fui
> [queimada pelo sol.
> (Cant 1, 5-6)

As feridas do Cristo Ressuscitado não são feias, mas belas; são distintivos da sua glória, como os estigmas de alguns santos. Também, portanto, a noiva de Cristo – a alma, a Igreja, o mártir – é bela no seu sofrimento, como Cristo é. As rugas em volta dos olhos de Madre Teresa são infinitamente mais belas que a maquiagem de uma estrela de cinema.

O amor aumenta os sofrimentos da noiva. Ela se diz doente de amor (cf. 2, 5). Mas seus sofrimentos não fazem mais que aumentar o seu amor. Porque somente ao sair do deserto – símbolo da dor – no último capítulo, ela alcança os três bens que almejava: a confiança, o encontro e a consumação do seu casamento:

> Quem é esta que sobe do deserto
> apoiada em seu bem-amado?
> Sob a macieira eu te despertei.
> (Cant 8, 5)

O mesmo sentido está no capítulo segundo de Oseias: somente depois do deserto, da dor, o amor é aperfeiçoado. Não somente o amor transforma e aperfeiçoa o sofrimento; também o sofrimento transforma e purifica o amor. As duas realidades que parecem inimigas acabam sendo aliadas, porque somente no silêncio do deserto é que ouvimos sussurrar a calma e pequena voz de Deus no mais profundo da nossa intimidade. C.S. Lewis diz, em *O problema da dor*, que «Deus sussurra na alegria, mas grita na dor». Isso é verdade, mas o oposto às vezes também o é (cf. Os 2).

11. O amor é livre

Isso é um fato: o amor deve ser dado livremente e recebido livremente. São necessárias duas pessoas para dançar um tango, e uma não pode empurrar, puxar ou carregar a outra.

Há somente três meios de influenciar pessoas, três técnicas de «modificação comportamental»: empurrar, carregar ou atrair. Você pode usar a força ou o medo para empurrar uma pessoa para onde quiser, contra a vontade dela. Você pode também carregá-la, como os pais fazem com os bebês. Nesse caso, você faz tudo e ela, nada. Por fim, você pode arrastá-la, atraí-la, motivá-la a vir até você pelo magnetismo do desejo. É isso que a noiva pede que o noivo faça: «Arrasta-me contigo. Corramos!» (1, 4). Ela não quer ser uma escrava empurrada, ou uma criança que precisa ser carregada, mas sim um ímã que é atraído por outro. Ele tem a iniciativa, mas ela responde com liberdade e valor iguais. Ser atraído é uma ação tão livre quanto atrair. Aproximar-se é uma ação tão livre quanto dizer «Venha!».

E Deus não muda isso, pois se trata de uma lei da própria natureza do amor, que é a natureza de Deus. Deus não pode amar-nos e ao mesmo tempo forçar-nos a amá-lO, pois isso seria contraditório. Deus não deseja apropriar-se do nosso amor: Ele criou-nos «amorosos», livres, e espera com humildade que O amemos. Pois o amor não é uma criatura, uma coisa criada, como o universo material. Uma coisa criada é passiva: o universo não fez nada para colaborar com a própria criação. Porém, o amor é mais ativo do que passivo; é livre, não forçado; vem de dentro, não de fora. Cresce como um fruto, pelo seu próprio mistério interior. É por isso que o noivo repete ao longo do poema:

> Conjuro-vos, ó filhas de Jerusalém,
> pelas gazelas e corças dos campos,
> não desperteis nem perturbeis o amor,
> antes que ele o queira.
> (Cant 3, 5)

É a paciência mais difícil de manter, porque o amor é aquilo de que mais precisamos e o que mais desejamos. Mas ao mesmo tempo urge ter paciência, porque se não for livre, não é amor.

Hoje, as pessoas falam de liberdade muito mais do que na Antiguidade. Talvez porque não saibam o que é amor. Porque quem ama não fala sobre a liberdade: já é livre. Não deseja ser livre; deseja estar atado para sempre a quem ama. Estar livre do amor, livre de Deus, é precisamente o Inferno.

12. O amor é fiel à realidade

«Com razão se enamoram de ti!» (1, 4), diz a noiva. O amor não é só o supremo valor, mas também a verdade suprema. Ele não só me satisfaz, mas também satisfaz a realidade. O amor é ontologicamente certeiro. É realista, conformidade ao real, viver no mundo real.

Temos esse hábito horrível de falar como se o amor fosse um mero ideal e a «realidade» ou «o mundo real» fosse um lugar sem amor, duro e feio. Em outras palavras, falamos como se a realidade fosse criada pelas pessoas, especificamente pelas piores pessoas. Não, as pessoas não dizem o que é real; é a realidade quem diz o que as pessoas são. A realidade não é simplesmente o que as pessoas produzem ou fazem; a realidade é o que Deus é e faz. E Deus é Amor. O amor, portanto, é o núcleo do real, e quando amamos conformamo-nos à realidade.

Isso é especialmente verdadeiro quando amamos a Deus. Este ponto se refere ao amor da noiva (alma) por seu noivo (Deus), que é o realismo supremo. O próximo ponto será muito mais surpreendente: que o Amor de Deus por nós é também realismo e, de fato, a mais precisa exatidão.

13. O amor é exato

O Amor é mais exato que a matemática. Pensamos e dizemos, na nossa superficialidade, que «o amor é cego». É exatamente o contrário: é a visão das visões, a sabedoria suprema e a iluminação perfeita. Deus é Amor, e Deus não é cego; portanto, o amor não é cego. Se o amor fosse cego, então ou Deus não seria Amor, ou Deus seria cego.

Quando afirmamos que o amor é cego, pensamos no amor egoísta, animalesco ou sentimental. Esses podem ser cegos. Mas o *ágape*, o amor de Deus, não é. Essa é uma doutrina firmemente afiançada por alguns versos surpreendentes do Cântico dos Cânticos. Quando lemos essas passagens, somos tentados a abrir mão da interpretação simbólica, porque parece que as frases do noivo ditas à noiva não poderiam ser ditas por Deus à alma humana decaída. Por exemplo, «És toda bela, ó minha amiga, e não há mancha em ti» (4, 7). Há, no entanto, muitas falhas em nós, sabemos disso, e Deus o diz em várias outras passagens da Escritura. Isso parece uma negação do pecado, como se o Amor fosse, de fato, cego.

Numa outra passagem, o noivo se dirige à sua noiva, que, corada, esconde-se numa rocha, provavelmente porque ela se envergonha da sua fealdade comparada com a beleza dele, dizendo:

> Minha pomba,
> oculta nas fendas do rochedo,
> e nos abrigos das rochas escarpadas,
> mostra-me o teu rosto,
> faze-me ouvir a tua voz.

> Tua voz é doce,
> e belo o teu rosto!
>
> (Cant 2, 14)

Ela provavelmente considera o próprio rosto tão atraente quanto uma ameixa estragada e sua voz tão doce quanto a de um corvo. A questão é: quem está certo? Ela se acha feia; ele a acha bela. Se esse «ele» é Deus, está necessariamente certo. «Deus há de ser reconhecido como veraz, e todo homem como mentiroso» (Rm 3, 4). Mas como pode ser assim?

O segundo maior poema de amor do mundo põe a mesma questão. Nenhuma mulher foi tão exaltada em verso como a Beatriz de Dante, especialmente no seu livro *Vita Nuova*. Não é Virgílio – o ideal de Dante, o maior poeta do mundo –, mas Beatriz que guia Dante na sua saída do Purgatório na *Divina Comédia*. Dante, como Deus, diz à sua amada que é toda bela, que ela é divina, que é a glória de Deus brilhando num rosto humano, que não é uma coisa deste mundo, mas uma via de acesso ao outro através da qual Dante enxerga uma luz divina. Deus é o sol, e Beatriz, a lua. O que se passa aqui?

O historiador é tentado a resolver o problema fazendo uma pesquisa acerca da Beatriz «real». Descobriria que Beatriz era uma adolescente florentina que Dante conhecia desde a infância, que era a filha de um mercador da cidade, que ninguém nunca pensou nela como especialmente bonita, que Dante a viu passar pela janela por acaso e foi subitamente arrebatado pela visão, como se sua vida tivesse sofrido uma reviravolta quando Beatriz dobrou a esquina. «Aqui começa uma vida nova», Dante escreveu. Mas o que desencadeou tudo foi a simples visão do rosto de Beatriz. Como nas canções de amor bregas, naquele instante «o tempo parou» e Dante ficou pairando no ar...

Será um problema de vista? Doença? O psicólogo, correndo ao socorro do historiador, se intromete na conversa condescendentemente: «Entendemos o que ocorre aqui. Trata-se, é claro, de projeção. Dante se apaixonara pelo próprio amor, e Beatriz calhou de passar logo em seguida. Dante projetou a profundidade e a beleza do seu coração em Beatriz. "A beleza está nos olhos de quem vê", e os olhos poéticos de Dante estão repletos de beleza. Quando uma pessoa tem icterícia nos olhos enxerga o mundo em amarelo; assim, Dante tinha a beleza nos olhos, e a projetou na primeira pessoa que apareceu. Não é Beatriz que é bonita. É Dante».

Se Dante ouvisse isto, desafiaria ambos, o historiador e o psicólogo, para um duelo até a morte a fim de defender a honra da sua querida Beatriz. Porém, mais importante ainda, supondo que todos sobrevivessem ao duelo, ele os desafiaria para um debate. Insistiria que o seu amor era perfeitamente exato, objetivo e realista, que era Beatriz, e não ele, que era extraordinariamente formosa; e que ele, Dante, contribuía somente com os receptores de sua beleza. Ele é um grande poeta, e um grande poeta é um grande observador, alguém que capta as essências. Ele tem visão de raio-X. O resto do mundo pode concordar com o historiador e o psicólogo e ver somente banalidade em Beatriz, mas Dante vê a borboleta sob a lagarta – a borboleta que está realmente em Beatriz, a borboleta que Beatriz *é*.

Dante estaria certo? Claro que sim, e você sabe. Quem conhece você melhor: o maior psicólogo do mundo, que apenas quer usar você como um caso para estudo, ou o seu melhor amigo, que não é muito inteligente, mas que se importa profundamente com você? Não há competição possível: somente o amor tem olhos. Para entender o universo das coisas, a suspeita e a dúvida podem até ser um método seguro: não acredite em nada até que seja provado. Toda ideia é culpada até que se prove o contrário. Mas para conhecer as pessoas, a estratégia é a oposta: confiança, amor, abertura. As pessoas são inocentes até que se prove o contrário. É impossível escutá-las a não ser que tenhamos essas disposições. A suspeita nunca penetra no coração alheio.

Então, Dante está certo: Beatriz é, de fato, divina. E o mesmo vale para Helena, Maria, Joana, Patrícia... Elas só não têm um poeta com a visão de raio-X de Dante para lhes dizer isso. Ah, na verdade têm. O poeta delas fala no Cântico dos Cânticos. O poeta delas é Deus.

O que Deus diz é verdade, e o melhor para nós é acreditar. E o que acontece quando acreditamos? Suponhamos que uma mulher que sempre se achou bem comum – «bonitinha», mas longe de ser estonteante – recebe a visita inesperada do galã mais festejado de Hollywood. Ele se aproxima, se ajoelha diante dela e diz: «Você é a mulher por quem procurei a vida inteira. Sua beleza é tão grande que me sinto emocionado a ponto de chorar. Quero me casar com você e fazê-la feliz até o fim dos meus dias». Pois bem, ela pode aceitar ou não o pedido, mas é bem provável que comece a se sentir um pouco diferente, que a imagem que faz de si melhore bastante.

Bom, se um mero ator de cinema pode fazer isso, acaso Deus não poderia? Alguém por acaso ousaria considerar-se uma pessoa comum se isso implicasse chamar Deus de mentiroso? Um dos dois estará errado. Você diz que é feio; Deus diz que você é lindo. Se você estiver certo, Deus estará errado, o que não pode ser. De modo que Deus está certo: você não é feio, mas belo. O que Deus diz é fato, verdade objetiva, a realidade gritante.

Mas, e quanto ao pecado? Será que Deus fecha os olhos? Como isso pode ser realismo? Deus não fecha os olhos: são os *nossos* olhos que estão fechados pelo tempo, fechados para a nossa identidade e destino eternos. Nós enxergamos somente o rascunho tosco e provisório de nós mesmos. Deus vê a obra-prima acabada, porque nos vê do ponto de vista da eternidade. A nossa vida é como uma corda esticada. Como formigas, rastejamos sobre a corda do tempo de vida, de uma ponta (nascimento) até a outra (morte). Mas Deus vê a corda toda, desde o fim. E Ele nunca pisca; vê tudo na perspectiva verdadeira. Vê a nossa vida inteira, mas não como nós, parte por parte. Ele nos vê inteiros, como vemos uma pintura. E o juízo que Ele pronuncia é: «Perfeito».

Este é o nosso destino, de acordo com Cristo: «Sede perfeitos como vosso Pai celeste é perfeito» (Mt 5, 48). O Cristo que faz essa exigência incrível é também o Cristo que é o único a fazê-la acontecer: Ele é o Salvador, o Caminho. Deus não manifestaria essa sua vontade se não fosse fornecer os meios para cumpri-la. Fomos feitos para vestir uma veste alva como a do Cordeiro. Satisfazer-se com qualquer coisa menor que a perfeição talvez seja o nosso caminho, mas não é o dEle. Porque Ele é

Amor, e o amor, como diz George MacDonald, «é fácil de agradar, mas difícil de satisfazer». Graças a Deus por esses dois fatos.

14. O amor é simples

O estilo da poesia no Cântico dos Cânticos é surpreendentemente simples, embora o conteúdo sugerido seja surpreendentemente complexo. Ainda que as maiores mentes entre teólogos, santos e místicos explorem as profundezas deste livro em centenas de páginas sem chegar perto de exaurir as suas riquezas, a sua mensagem ainda é tão simples que cabe na poesia mais simples, como um haicai:

> Como és formosa, amiga minha!
> Como és bela!
> Teus olhos são como pombas.
> Como é belo, meu amor!
> Como és encantador!
> Nosso leito é um leito verdejante.
> (Cant 1, 15-16)

Para quem não ama, isso é supinamente gasto e tedioso. Para quem ama, isso é perfeito como um diamante. Para quem não ama, é uma repetição infindável. Para quem ama, isso poderia durar por toda a eternidade como Deus, único, perfeito, autossuficiente, «o único necessário».

Se você já amou alguma vez, se já viu um amigo amar, sabe a diferença entre essas duas perspectivas. O amante é totalmente absorvido no seu amor, ou, melhor dizendo, na pessoa amada. Ele nunca se entedia. Poderia continuar com os elogios para sempre. O observador externo, porém – o amigo, o vizinho, o parente –, acha o amante extremamente chato, monótono, obsessivo; exatamente o oposto do que ele pensa de si mesmo.

Imagine que essa pessoa que não ama é um crítico literário avaliando o pequeno poema acima: «Como és formosa, amiga minha!». É impossível encontrar algo mais trivial e banal do que essas palavras. Sem qualquer originalidade. É inimaginável uma frase mais insossa. «Como és bela!»: o segundo verso é ainda menos criativo que o primeiro, pura repetição. Já sabemos que ela é bonita; faça o favor de parar de martelar isso. «Teus olhos são pombas» uma metáfora fútil e simplista, não combina com nada. Tudo bem: o amor é cego mesmo. Vejamos, pois, o que diz ela, que talvez faça poesia melhor do que ele, pelo menos: «Como és belo, meu amor!» Oh, não... Chega! Tudo o que ela faz é repetir as palavras dele – «Como és formoso!» – de novo e de novo. Temos aqui quatro ou cinco versos completamente supérfluos. «Nosso leito é um leito verdejante». Quem se importa com isso? Eu certamente não. Esse é o poema – se é que se pode chamá-lo disso – mais tolo, simplista, batido e infantil que já li.

Mas agora escutemos os amantes, os verdadeiros críticos. «Como és»: quão arrebatadora é a visão do amor! Que surpresa! É como a Visão Beatífica, como a luz de Deus se acendendo de repente diante de olhos humanos! «Como és formosa, amiga minha!»: preciso, verdadeiro e essencial. Nada mais precisa ser dito. Esse é o desejo mais profundo; isso é tudo o que o coração humano almeja. A própria simplicidade é uma eloquência perfeita. «Como és bela!»: assim como a Palavra de Deus reflete perfeitamente o Pai, o segundo verso repete o primeiro, e pela mesma razão: é impossível melhorar. «Teus olhos são pombas»: a adequação simples mas misteriosa dessa imagem satisfaz o coração, enquanto a mente fica confusa. Porque só o coração é capaz de entender as coisas simples; a inteligência brinca de um outro jogo, construindo a verdade laboriosamente através de conceitos. «Como és belo, meu amor!»: é impossível competir com a perfeição, e então a resposta dela é um espelho da perfeição e simplicidade do amor dele. «Como és encantador!»: como é maravilhoso que ela nunca se canse deste fato central! «Nosso leito é um leito verdejante»: cada detalhe da arte e da natureza está agora iluminado pela luz e pela beleza do amor. Cada folha, cada pássaro canta a mesma canção, o cântico de Deus, o Uno, o Amante do universo inteiro nas suas partes maravilhosamente diversas. Toda uma cosmovisão está implícita nestas linhas!

Viu? Embora o amor não se satisfaça com nada menos que a perfeição – como vimos no último ponto – e com a sua própria perfeição, ele descansa nisso e não precisa de mais nada. E o amor experimenta algo da perfeição divina já aqui nesta terra, de forma profética. Agora já está satisfeito. Embora a semente do amor ainda não tenha crescido, já foi semeada, e é a melhor das sementes, a semente autossuficiente, a única semente perfeita, «a pérola de grande preço» (Mt 13, 45-46), que vale mais do que este e qualquer outro mundo. Fazemos bem em ficar satisfeitos com ele em vez de buscar outros bens.

15. O amor é individual

O objeto do amor é uma pessoa, e toda pessoa é um indivíduo. Nenhuma pessoa é uma classe, uma espécie ou uma coleção. O amor à humanidade não existe porque a humanidade não existe. Se você já ouviu algum pregador ou professor dizer que a Bíblia ensina a amar a humanidade, foi enganado. A Sagrada Escritura não diz isso sequer uma vez. Ela não menciona jamais a palavra «humanidade». Jesus, ao contrário, sempre nos manda a amar a Deus e ao próximo.

Como a «humanidade» é cômoda! Nunca bate à nossa porta nos momentos mais inconvenientes. Ela não é briguenta, alcoólatra ou fanática. A «humanidade» nunca defende as opiniões erradas em política, religião ou ideologia de gênero. Ela nunca é nojenta, vulgar, bajuladora, fedorenta ou grosseira. A «humanidade» é tão ideal que se pode morrer por ela facilmente. Mas morrer pelo próximo, morrer pelo João da Esquina, isso é impensável. A não ser que haja amor.

Disse um santo: se você tivesse sido a única pessoa criada por Deus, ainda assim Cristo teria passado por todas as tribulações que passou para salvá-lo. Quando Ele morreu na Cruz, não morreu pela humanidade; morreu por você. «Eu te chamo pelo nome» (Is 43, 1), diz. «Eis que estás gravada na palma de minhas mãos» (Is 49, 16). Quando Deus receber você na mansão celestial, não lhe chamará de camarada. Os amantes gostam de sussurrar o seu nome um ao outro, porque o nome significa a pessoa, o indivíduo.

Assim, no Cântico dos Cânticos o coro dos que não amam se admira:

> Que tem o teu bem-amado a mais que os outros,
> ó mais bela das mulheres?
> (Cant 5, 9)

E ela responde:

> Meu amado é forte e corado,
> distingue-se entre dez mil.
> (Cant 5, 10)

O mesmo é verdade do ponto de vista dele:

> Há sessenta rainhas, oitenta concubinas,
> e inumeráveis jovens mulheres;
> uma, porém, é a minha pomba, uma só a minha
> [perfeita.
> (Cant 6, 8-9)

O nome de Deus é a palavra unicamente individual *Eu* (Ex 3, 14). A imagem de Deus em nós é o nosso «eu». Que esse ente privado, único e individual possa ser compartilhado é a aparente contradição do amor.

O amante não vê a amada como um ser entre muitos, mas como o centro do universo; não como um componente, mas como um todo; não na periferia de sua visão, mas no centro, como se estivesse no mesmo lugar que ele, amante, ocupa. A amada é o centro do próprio amante, é o seu próprio ser unicamente individual. O amor tem quatro olhos. E é por isso que enxerga tão bem.

Por que Deus criou você? Ele criou bilhões de pessoas diferentes. Acaso não eram suficientes? Não, não eram. Ele queria você; não descansará enquanto você não estiver na casa dEle. Mesmo se você for a única ovelha perdida, Ele deixará as outras noventa e nove (ou noventa e nove bilhões) para buscá-lo onde quer que você esteja. Ele irá até a floresta onde você se escondeu ou ao deserto para onde fugiu. Irá até o seu sofrimento e, na Cruz, até o seu pecado. «Àquele que não conheceu o pecado, Deus O fez pecado por nós, para que nEle nós nos tornássemos justiça de Deus» (2 Cor 5, 21). Uma das lascas da Cruz que feriram a carne dEle é só sua. E uma das joias da coroa dEle será também só sua. Pois é assim que o Amante divino vê você:

> Como o lírio entre os espinhos,
> assim é minha amiga entre as jovens.
> (Cant 2, 2)

Que a sua resposta seja, do mesmo modo, individual:

> Como a macieira entre as árvores da floresta,
> assim é o meu amado entre os jovens.
> (Cant 2, 3)

Isso é o que significa obedecer ao «primeiro e maior mandamento»: amar o Senhor Deus de todo o coração. «Porque o Senhor teu Deus é um Deus ciumento» (Ex 34, 14). O amor é ciumento porque é individual. O Amor não divide seu amado com outros, como se um coração pudesse ser dividido. Deus é infinito: Ele pode dar seu coração inteiro para cada um de nós sem fazê-lo em pedaços. Somente o Infinito é capaz disso. Nós podemos dar nosso coração somente para uma pessoa de cada vez: para um Deus, porque só há um, e, vendo a Deus nele, para o nosso próximo. Humanamente, não há nenhuma expressão do amor como o casamento. E ele é ainda a melhor imagem do Céu porque é tudo ou nada e para sempre – um salto de fé.

16. O amor vence tudo

Omnia vincit amor, «o amor vence tudo», diz o poeta. Nenhuma força no mundo resiste ao seu poder, porque seu poder é divino. As montanhas, que são um símbolo das dificuldades na Escritura (cf. Is 40, 4), não são dificuldades no Cântico dos Cânticos; o amado vem «saltando sobre os montes, pulando sobre as colinas» (Cant 2, 8). Como a fé, o amor move montanhas (cf. Mt 17, 20).

De fato, o amor transforma até os obstáculos do seu caminho em parte de si mesmo. Tarefas pesadas se tornam oportunidades para o heroísmo. Como dizia a exortação que costumava acompanhar o texto do rito do matrimônio católico, o casamento é algo tão alto e sagrado, requer tanto autossacrifício que «só o amor pode torná-lo possível, e só o amor perfeito pode torná-lo uma alegria».

Os inimigos do amor obscurecem o horizonte deste mundo caído, e como o profeta do Velho Testamento, nós vociferamos nossas reclamações diante de Deus. Mas Ele então nos mostra, como mostrou ao profeta, a visão de exércitos maiores ainda, os exércitos do Senhor, resplandecentes com claridade e caridade angelicais, cercando a hoste negra dos inimigos de Israel que por sua vez cercam a terra santa. Nós nunca estamos sozinhos. «Eis que estou convosco todos os dias, até o fim do mundo» (Mt 28, 20), assim falou Aquele que é o único a dizer verdadeiramente o que todos os Hítleres, Napoleões, Alexandres e Césares desejaram dizer: «Eu venci o mundo» (Jo 16, 33). Eles fracassaram porque sua arma era o ódio. Ele teve sucesso porque sua arma foi o amor. Eles matavam seus inimigos. Ele se deixou matar. O Cordeiro venceu até o dragão com o sangue do seu amor. As feridas do Sacratíssimo Coração de Cristo são a força mais poderosa do universo. Se nosso amor está unido ao dEle, se nós estamos unidos a Ele, a derrota é impossível.

17. O amor é surpresa

O amor não é calculado, controlado, previsto ou esperado. O amor é uma «boa catástrofe», usando a expressão de Tolkien. É a marca da presença de Deus, e assim ele nos encontra desprevenidos. O Deus da Bíblia, ao contrário dos muitos deuses da imaginação humana, não é a ponta de nenhum triângulo humano. Nós é que somos a ponta do seu triângulo. Ele não é o alvo das setas do nosso espírito; nós somos o alvo das suas setas. O Deus dos filósofos é simplesmente o Ser, mas o Deus de Abraão, de Isaac e de Jacó vem sorrateiramente por trás de nós e nos surpreende.

É por isso que o poeta se utiliza da imagem estranha da gazela. Deus, uma gazela? Sim. Você já viu uma gazela? Ela pula de um lado para o outro com uma leveza e imprevisibilidade incríveis. Mesmo quando está parada, parece ativa, e seu porte é ameaçador – como se no próximo segundo fosse pular sobre você. Assim a noiva ouve subitamente a voz dEle:

> Oh, esta é a voz do meu amado!
> Ei-lo que aí vem,
> saltando sobre os montes,
> pulando sobre as colinas.
> Meu amado é como a gazela
> e como um cervozinho.
> Ei-lo atrás de nossa parede.
> Olhando pela janela,
> espreitando pelas grades.
> Meu bem-amado disse-me:
> levanta-te, minha amiga,
> vem, formosa minha.
>
> (Cant 2, 8-10)

O amor é uma aventura. Deus nos chama, como chamou Abraão, para longe da segurança que conhecíamos, para fora de nossa velha salinha familiar, para subir pela escada da fé rumo aos seus braços. Jesus chamou seus discípulos dessa maneira – assim como um amante foge com a sua amada. Assim que julgamos ter planejado tudo, o amor explode esses planos como nuvens de fumaça que são, e fica diante de nós no lugar dos nossos sonhos, das nossas expectativas nebulosas, e nos força a escolher entre ele e nós mesmos, entre o Deus das surpresas e o ídolo do homem velho, entre Deus, a gazela, e o nosso ser, a lesma. É, numa palavra, a escolha entre o Céu e o Inferno.

18. O amor é destemido

«No amor não há temor, mas o amor perfeito lança fora o temor», diz São João (1 Jo 4, 18). E Salomão também diz o mesmo. O amor e o medo são como óleo e água: não podem ocupar o mesmo espaço, a mesma alma, ao mesmo tempo. Um expulsa o outro.
No Cântico dos Cânticos, a noiva se esconde no vão de uma rocha, temerosa de encontrar seu amado (2, 14). Isso não é tolice. De fato, a ausência de medo tipicamente moderna é que é tola. É simplesmente falso que «não devemos ter medo de nada além do nosso próprio medo». Há muito que se temer. Para começo de conversa, há o mal, o Inferno e Satanás. E também existe a ira de Deus, que não é um mito rude e supersticioso a não ser que a Bíblia também o seja. No mundo humano, existe a possibilidade terrível, mas muito real, de o ser amado não corresponder ao nosso amor. O amor é terrivelmente vulnerável, facilmente incompreendido ou rejeitado. Há muito a temer.
Principalmente, há o temor da bondade. Deus é o sumo bem, a santidade absoluta, a justiça perfeita. Isso não dá medo? Certamente que sim – para uma alma não completamente apaixonada pela bondade, não confirmada integralmente na justiça, não cem por cento do lado da santidade. Por acaso você se sentiria confortável em encontrar a Deus agora, neste minuto, cara a cara, sem máscaras, sem desculpas, com a sua vida toda exposta? Se a resposta é sim, ou você é o maior santo do mundo ou o maior tolo.
É bom que haja medo para que o amor possa expulsá-lo. Se não há nenhum medo a ser enxotado, o amor

cai num solo despreparado. Se o conceito que você faz de Deus não tem a nota do deslumbramento, da circunspecção, do medo e de certo pavor, então o seu conceito de amor também não será deslumbrante. Se a sua alma é tão pequena e arrogante que se sente confortável e aconchegada por Deus, o amor não ocupará nenhum espaço nela fora das medidas do conforto e aconchego.

Mas, uma vez que o temor justo e grande estiver lá, o amor grande e justo faz nela a sua morada. O medo é um nexo, ainda que infantil, entre a alma e Deus. O amor é uma ligação mais perfeita e íntima. Nada mais lógico do que o vínculo maior expulsar o menor. Os especialistas em psicologia pastoral e educação religiosa não deveriam roubar essa semente preciosa, pois quando a semente do medo cai no chão do amor e morre, ela produz muito fruto.

O amor expulsa o medo, porque o tipo de amor de que falamos é o *ágape*, e não o *eros*, o amor erótico. O desejo não lança fora o medo, mas o *ágape* sim, porque o *ágape* é também confiança. Somente a confiança, somente a fé, é capaz de vencer o medo. Se julgamos que o nosso amor será rejeitado, tememos. Mas se confiamos que o ser amado corresponderá ou mesmo superará o amor que lhe oferecemos, não tememos. «Não há temor *no* amor», só fora dele.

E o Amor de Deus é o único completamente confiável – o único amor que certamente expulsa o medo –, porque somente Deus nos conhece totalmente, nos aceita e nos confirma. «Se meu pai e minha mãe me abandonarem, o Senhor me acolherá» (Sl 26, 10).

19. O amor é troca de seres

Algo extremamente simples e ao mesmo tempo incrivelmente misterioso é dito no Cântico dos Cânticos 2, 16 e de novo em 7, 10: «Meu amado é meu e eu sou dele». O amor intercambia os seres. Quando amo você, deixo de possuir o meu ser. Fiz dele um presente para você. Mas, em troca, eu possuo o seu ser. Como pode ser isso? Como o bem doado pode ser o próprio doador? Como pode a mão que dá oferecer-se a si mesma como o presente que ela segura? A relação ordinária entre o doador e o dom, sujeito e objeto, causa e efeito, é deixada para trás aqui. A obviedade, simples à primeira vista, de que no amor você entrega o próprio ser a quem ama é um mistério excelso e sagrado.

A sua explicação última é um mistério ainda mais excelso e sagrado: a Trindade. Os amantes se pertencem um ao outro porque o amor é a essência de Deus, as Pessoas da Santíssima Trindade se entregam umas às outras. O Filho é a Palavra mesma, o pensamento ou mente do Pai doado tão completamente que é outra Pessoa; o Espírito é o mesmo amor entre o Pai e o Filho doado tão completamente que também se transforma numa Terceira Pessoa.

A imagem desse fato definitivo do amor humano é que os amantes se dão de tal modo um ao outro que ambos se tornam um, sem cessar de serem dois. Já no amor humano as leis da matemática encontram a transcendência: um indício poderoso de que não devemos esperar que se apliquem ao amor divino, uma prova cabal de que seria estupidez arrogante negar a doutrina da Trindade porque ela, matematicamente, não faria sentido.

Na Trindade, Deus, através do conhecimento e do amor de Si, é eternamente Uno. E a união entre as Três Pessoas a mais alta unidade de Deus, não a unidade matemática ou a identidade da sua essência. Esse é o motivo para que, também entre nós, a unidade entre amante e amada seja mais íntegra que a unidade do amante consigo mesmo. Ele participa mais intensamente da unidade através do ser amado. Ele encontra a sua unidade, o seu ser único, a sua identidade, mais na amada do que nele mesmo. Ele se identifica mais com ela do que consigo.

Assim como as Pessoas da Trindade são uma só substância e assim como o marido e a esposa se tornam um, assim também Deus e o homem se fazem uma só coisa em Cristo. Deus permuta o seu ser com o nosso. Ele nos coloca no seu próprio Corpo Místico. Ele põe o seu Espírito em nós. Ele está em nós, e nós nEle. Alguém disse que se os teólogos entendessem a palavra *dentro*, eles entenderiam todos os mistérios.

Embora isso seja um mistério, não é imperscrutável. Quem ama sabe disso. Os escravos pertencem aos seus senhores através da força e da coação, e os adolescentes pertencem somente a si próprios, mas os amantes são donos um do outro. Assim, se amo você, onde quer que você esteja, eu estarei, porque estou mais com você do que comigo. O que acontece com você acontece comigo; e assim os fatos me afetam de maneira dupla. É por isso que um pai amoroso diz a verdade literal quando diz ao punir o filho: «Dói mais em mim do que em você». E talvez também seja assim quando Deus nos pune.

20. O amor é triunfal

A maioria das imagens no Cântico dos Cânticos não atrai as sensibilidades modernas porque são antiquadamente triunfalistas, solenes, formais e até militares. Por exemplo:

> Que é aquilo que sobe do deserto
> como colunas de fumaça,
> exalando o perfume de mirra e de incenso,
> e de todos os aromas dos mercadores?
> É a liteira de Salomão,
> escoltada por sessenta guerreiros,
> sessenta valentes de Israel;
> todos hábeis manejadores de espada,
> e exercitados no combate;
> cada um deles leva a espada ao lado
> por causa dos terrores noturnos.
> O rei Salomão mandou fazer para si uma liteira de
> [madeira do Líbano.
> Suas colunas são feitas de prata,
> seu encosto de ouro, seu assento de púrpura.
> O interior é bordado pelo amor das filhas de
> [Jerusalém.
> Saí, ó filhas de Sião,
> contemplai o rei Salomão,
> ostentando o diadema recebido de sua mãe no dia
> [de suas núpcias,
> no dia da alegria de seu coração.

(Cant 3, 6-11)

Isso nos impressiona muito menos que aos antigos, porque vivemos num mundo plano, igualitário, enquanto eles viviam num mundo cheio de alturas e hierarquias, um mundo de pináculos e torres. Mas nossos corações protestam contra nossa planície e desejam a sua pátria, a dimensão verdadeira da verticalidade. O amor é, simplesmente, superior. O seu lugar é um trono. Com justiça, ele gaba-se, exulta em si mesmo, celebra-se e se canta no Cântico dos Cânticos, na sua canção extraordinária, na sua maior canção. Ele merece prata e ouro e toga e coroa. O Céu estará cheio dele (se o simbolismo do Apocalipse significa alguma coisa). Não deveríamos nos habituar a viver com ele?

21. O amor é natural

Embora sobrenatural, o amor é também natural, como Cristo, que é perfeito Deus e perfeito homem. O amor não é só natural, a realização da natureza humana, o porquê de Deus criar o homem; o amor é também a força fundamental da natureza. A gravidade nada mais é que amor virado do avesso, o amor no plano físico. O amor «move o sol e todas as estrelas», como Dante e os antigos sabiam. O amor é o *leitmotiv* da suíte sinfônica da natureza, o tema da sua canção.

Essa é a razão por que o poeta do Cântico dos Cânticos, como todos os clássicos poetas do amor, encontra e usa analogias para o amor humano em toda a natureza. Se o amor não fosse já o fio condutor da natureza, seria um artifício e um ato de violência espiritual usar imagens naturais para significá-lo.

As sensibilidades modernas, todavia, são mais materialistas que a dos antigos, e portanto precisamos ser reeducados no mínimo em uma característica crucial da imagística tradicional. Essas imagens não são baseadas numa semelhança empírica e visível, mas emocional. Consideremos a seguinte passagem, por exemplo. Nenhuma das sete imagens naturais tem aparência física, a não ser muito remotamente. Se o leitor acha que o escritor vai nesse sentido, a mágica da poesia não só não funcionaria, como operaria uma reação oposta, de desprezo e ridículo. Mas se o leitor entende que os múltiplos e sutis níveis de equivalência emocional estão construídos sobre uma pequena base de equivalência visível, estará apto a entrar no mundo secreto de adequação estruturado pelo poeta:

Tu és bela, minha querida,
tu és formosa!
Por detrás do teu véu
os teus olhos são como pombas.
Teus cabelos são como um rebanho de cabras
descendo impetuosas pela montanha de Galaad.
Teus dentes são como um rebanho de ovelhas
                                                         [tosquiadas
que sobem do banho;
cada uma leva dois [cordeirinhos] gêmeos,
e nenhuma há estéril entre elas.
Teus lábios são como um fio de púrpura,
e graciosa é tua boca.
Tua face é como um pedaço de romã debaixo do
                                                         [teu véu;
teu pescoço é semelhante à torre de Davi,

construída para depósito de armas.
Aí estao pendentes mil escudos,
todos os escudos dos valentes.
Os teus dois seios são como dois filhotes
gêmeos de uma gazela pastando entre os lírios.
(Cant 4, 1-5)

A adequação de se comparar seios com filhotes que pastam entre os lírios é muito mais difícil de analisar do que de intuir. O ponto mais importante, porém, é perceber que isso *é* adequado, que há uma adequação natural entre o que o amor vê no ser amado e o que vê na natureza. Imagens tomadas da natureza são recurso onipresente na poesia de amor, porque o amor é onipresente na natureza. Tudo na natureza simboliza o amor porque tudo na natureza foi feito e criado para manifestar o Deus de Amor. «Narram os céus a glória de Deus, e o firmamento anuncia a obra de suas mãos» (Sl 18, 2). Cada folha de grama é uma folha da graça, uma nota de graça na única Canção de Deus. A natureza não é cega ou estúpida. A natureza é eloquente. E a ciência humana é cega e estúpida se não ouve as suas palavras.

22. O amor é fiel

Cada um dos dez mandamentos é uma especificação do amor: o amor não rouba, o amor guarda o *sabbath*, o amor não presta falso testemunho, e assim por diante. A única exceção parece ser o adultério. Mas não é o amor que comete adultério contra si mesmo. O amor não se adultera. O amor não precisa de nenhuma lei externa para forçá-lo a ser fiel. A sinfonia do amor está naturalmente afinada com o outro. O amor é necessariamente fiel. Para ser amor, é preciso dar-se completamente a um outro, e não se dispersar em muitos. Assim, «tu és horto cerrado, minha irmã, minha noiva; horto cerrado, fonte selada» (4, 12). O amor está selado contra intrusos: «Põe-me como um selo no teu coração» (8, 6).

É impossível dar-se completamente a mais de uma pessoa, pois você só pode doar-se inteiramente para um todo, e só uma pessoa individual é um todo. Um grupo não é um todo. Você não pode dar todo o seu ser a um grupo de dois ou mais. Se você multiplica o destinatário, divide o presente – e quem o dá. E um ser dividido, como uma personalidade partida, é uma coisa terrível. Somente Deus pode dar-se inteiro a mais de um, a cada um de nós ao mesmo tempo, porque Deus está na eternidade e tem todo o tempo à sua disposição. Ninguém pode dar tudo a mais de um ao mesmo tempo, mas nós estamos no tempo, e Deus não.

Embora Deus ame a cada um de nós, o seu amor por cada um é tão ciumento, selado e fiel quanto o nosso. O divino esposo não quer, como também não quereria um esposo humano, dividir a sua noiva, a sua alma, com outros. Ao contrário, Ele cuidará para que os seus instrumentos, suas propriedades, sejam somente dEle. «Porque Eu, o Senhor, sou um Deus ciumento» (Ex 20, 5). Certamente, há uma relação entre o moderno desprezo pelo ciúme divino e pelo matrimonial. Nós trocamos a via estreita de Cristo por uma festinha supostamente ecumênica, um Olimpo em que todos os homens são deuses; e trocamos o indissolúvel «o que Deus uniu, não separe o homem» pela crise mais catastrófica na história da instituição humana mais fundamental. Os dois intercâmbios são dois lados de uma mesma moeda falsa, e «de que adianta ao homem lucrar o mundo inteiro se vier a perder a sua alma?» (Mc 8, 36)

23. O amor está sempre pronto

Quando o anjo apareceu a Maria, ela estava pronta para dar a resposta: Sim, *fiat*, que seja. «Seja feito segundo a tua Palavra» (Lc 1, 38). Eis porque Maria tem uma santidade perfeita: um santo perfeito é fruto de um amor perfeito, e o amor perfeito tem sempre o sim na ponta da língua.

Mas a noiva do Cântico dos Cânticos, como a nossa alma, não está perfeitamente preparada. Ela se desculpa, e por conta dessa hesitação em procurar a misericórdia divina, dessa fuga do sacramento da confissão, a união ardentemente desejada com o Amor é adiada, e ela sofre incomensuravelmente.

> Eu dormia, mas meu coração velava.
> Eis a voz do meu amado. Ele bate.
> «Abre-me, minha irmã, minha amiga,
> minha pomba, minha perfeita;
> minha cabeça está coberta de orvalho,
> e os cachos de meus cabelos cheios das gotas da
> [noite.»
> Tirei minha túnica;
> como irei revesti-la?

Lavei os meus pés;
por que sujá-los de novo?
Meu bem-amado passou a mão pela abertura da
                                                   [porta
e o meu coração estremeceu.
Levantei-me para abrir ao meu amigo;
a mirra escorria de minhas mãos,
de meus dedos a mirra líquida
sobre os trincos do ferrolho.
Abri ao meu bem-amado,
mas ele já se tinha ido, já tinha desaparecido;
ouvindo-o falar, eu ficava fora de mim.
Procurei-o e não o encontrei;
chamei-o, mas ele não respondeu.
Os guardas encontraram-me,
quando faziam sua ronda na cidade.
Bateram-me, feriram-me,
arrancaram-me o manto os guardas das muralhas.
Conjuro-vos, filhas de Jerusalém,
se encontrardes o meu amigo,
que lhe haveis de dizer?
Dizei-lhe que estou enferma de amor.
(Cant 5, 2-8)

    Nós sempre fazemos isso com Deus. O convite divinamente inspirado para corrermos para Ele, para seguir o sopro do Espírito, é com frequência negligenciado. Quando tivermos mais tempo, quando estivermos saudáveis, quando tivermos ajuda para terminar as tarefas de Marta, aí sim, dizemos, ocupar-nos-emos da contemplação de Maria, o único necessário. Mas esse amanhã nunca chega, e se não

O buscarmos hoje simplesmente não O encontraremos nunca. Hoje é o tempo propício; «agora é o dia da salvação» (2 Cor 6, 2). Se adiamos o sacrifício simples e central que a nossa alma deve fazer de todas as coisas para voltar-se a Deus com olhos, coração e braços abertos, adiamos a plenitude da salvação. Porque o Céu na terra é isto: receber Deus na nossa alma e aderir à sua vontade aqui e agora. O Deus vivo não entra em nada que esteja morto. A verdade do passado é intocável, e o futuro ainda não nasceu. Deus vive no presente e apenas entra no presente.

Você já percebeu como é difícil fazer o que muitas psicologias populares fomentam superficialmente: viver no presente? Pois vou lhe mostrar como é difícil. Desafio você a parar de ler agora, a parar de esperar algo de extraordinário acontecer na próxima frase, e a encontrar-se com Deus imediatamente e lhe dizer o quanto O ama e a deixá-lO dizer quanto Ele ama você. Agora: seja mais sábio do que a noiva do poema.

Já voltou? Não foi esta a melhor parte do livro?

Ou você me enganou e só pensou em fazê-lo? É melhor não planejar chegar ao Céu só pensando.

24. O amor é inclusivo

O amor do Cântico dos Cânticos inclui todos os outros. Todos «os quatro amores» estão aqui[33]. Eles estão na mais completa e íntima das relações humanas, o casamen-

---

(33) Para uma excelente introdução aos quatro amores, cf. o livro de C.S. Lewis com esse título (Martins Fontes, São Paulo, 2009). Tradução de Paulo Salles).

to como planejado por Deus, e também na união da alma com Deus. Nem o casamento terreno nem essa união divina são uma alternativa para os outros amores. Ambos acolhem em si todos os outros. É por isso que Santo Agostinho diz nas *Confissões* que aquele que tem Deus tem tudo, e que àquele que tem Deus e nada mais, nada lhe falta, e que aquele que tem Deus e todos os outros bens não tem nada a mais do que aquele que tem Deus.

O primeiro amor no Cântico dos Cânticos é o erótico. De fato, encontramos aí o arroubo – não aquele meramente carnal, mas sim o mais profundo e apaixonado entusiasmo do coração, que é capaz de muito mais intimidade e alegria: «Levaste contigo meu coração, minha irmã, minha noiva, levaste contigo meu coração com um dos teus olhares» (4, 9); «sob a macieira eu te despertei» (8, 5) – o desejo está consumado. «Seus lampejos são lampejos de fogo, uma chama veementíssima» (8, 6).

Encontramos também a afeição. Em verdade, achamos o amor mais terno e confortável justaposto com o mais apaixonado quando a noiva é chamada de irmã e noiva (cf. 4, 9; 4, 10; 4, 12 e 5, 1). Um casamento que fosse só o fogo erótico sem estar revestido das muralhas da afeição não duraria muito.

Em terceiro lugar, deparamo-nos também com a amizade: «Assim é o meu amado, tal é o meu amigo» (5, 16). A amizade se distingue da afeição porque ela é contraída livre e deliberadamente, e não é somente espontânea. Ademais, a afeição não requer igualdade, mas a amizade sim.

Por fim, encontramos a caridade e o dom de si: «Eu sou para o meu amado» (7, 11); «Meu bem-amado é para mim e eu para ele» (2, 16).

Se qualquer um desses quatro ingredientes faltasse a um casamento, ele estaria não só incompleto, mas em perigo. Todos os quatro estão presentes e são aperfeiçoados na união divina, porque a natureza reflete a graça, e a graça aperfeiçoa e redime a natureza, ao invés de aboli-la. O matrimônio horizontal entre o noivo e a noiva reflete os princípios do matrimônio vertical entre a graça e a natureza. Esse é o profundo mistério do casamento que revela São Paulo em Efésios 5, 21-33.

25. O amor é «sexista»

O amor é sexista, e isso está refletido ao longo de todo o Cântico dos Cânticos. A palavra «sexista» é considerada um palavrão porque é preconceituosa – isto é, confunde uma descrição com um juízo de valor – e porque implica uma confusão entre o inerentemente diferente e o inerentemente superior. O meu amigo Sheldon Vanauken reivindica a autoria dessa palavra na sua fase *hippie* – pela que agora sente um profundo arrependimento[34]. Talvez esta seção possa diminuir um pouco o seu Purgatório.

O amor humano contém uma polaridade e uma diferenciação inerentes entre os sexos, mas não um chauvinismo inerente: homens e mulheres são complementares, tanto no corpo como na alma. E cada um cumpre um papel no jogo do amor.

Na simbologia empregada pelo autor do Cântico dos Cânticos, é necessário que seja o noivo e não a noiva o

---

(34) Cf. Sheldon Vanauken, *Under the Mercy* [«*Sob a Misericórdia*»], Ignatius Press, São Francisco, 1988.

símbolo de Deus, e a noiva e não o noivo o símbolo da alma (aliás, a palavra «alma» é feminina na maioria das línguas ocidentais). A razão para esse sexismo não é que o macho seja superior à fêmea, mas sim que, ao tocar-nos, Deus faz analogicamente as vezes do homem: Ele fecunda a alma. Essa é a razão mais profunda pela qual ao longo de toda a Bíblia a imagem humana de Deus é masculina, nunca feminina. É só uma imagem, é claro. Deus não tem corpo e, portanto, não tem sexo biológico. A imagem, porém, retrata algo, e este algo é a relação que os inventores desse simbolismo experimentavam: todos eles experimentavam Deus como o esposo da alma. O fato é que é Deus quem nos fecunda espiritualmente, e não vice-versa; que é Deus que cria uma vida nova em nós, e não vice-versa. Isso não pode ser mudado, assim como o fato de ser o homem que fecunda a mulher não pode ser mudado. Não importa o quanto reclamemos e deliremos, é impossível alterar a estrutura da realidade para conformá-la com as últimas modas e fantasias ideológicas.

26. O amor é forte como a morte

Finalmente, o amor não é vencido nem pela morte. O amor é o único ente capaz de resistir à morte. A morte arrasa tudo. Até mesmo as estrelas lhe estão sujeitas. Mas daqui a bilhões de anos, quando todas as estrelas do universo tiverem se apagado, o amor ainda estará vivo, e se nós vivermos de amor, se nos identificarmos com o Amor, se fincarmos nossa esperança de vida eterna no amor, se colarmos nossos espíritos ao amor, nós também permaneceremos vivos e eternamente jovens, como o próprio amor. Porque o amor é a própria natureza de Deus. Essa é razão pela qual perdura para sempre (1 Cor 13, 8). Quando a morte destruir o destrutível, o indestrutível permanecerá. Essa é a lição do seguinte trecho da Carta aos Hebreus:

> Ele, cuja voz um dia abalou a terra, agora proclama: Ainda uma vez abalarei não apenas a terra, mas também o céu. As palavras ainda uma vez anunciam o desaparecimento de tudo o que participa da instabilidade do mundo criado, a fim de que subsista o que é inabalável. Visto que recebemos um reino inabalável, guardemos bem esta graça. Por ela, sirvamos a Deus de modo que lhe seja agradável, com submissão e temor. Pois o nosso Deus é um fogo abrasador! (Hb 12, 26-28)

Aí «o que é abalado» se refere a todo o universo criado, e o «reino inabalável» se refere ao Amor de Deus. E o fogo é o amor. O fogo, como o amor, destrói todos os seus inimigos, incluindo o último (cf. 1 Cor 15, 26), a morte.

No momento da morte, uma grande batalha é travada pelo campeonato de pesos pesados do universo: de um lado, a Morte, e de outro, o Amor. Mas a morte não é capaz de alterar o amor; o amor, sim, altera a morte. O amor muda o significado da morte, mas a morte não muda o significado do amor. Quando o fogo e a água se encontram, um deles precisa morrer. «O amor é forte como a morte» (Cant 8, 6), porque «as torrentes não puderam extinguir o amor, nem os rios o submergir» (8,

7). A morte ameaça o amor com a extinção: «Amor, tu deves morrer». Mas o amor responde, em triunfo, com as palavras que encerram o grande poema de John Donne *Morte, não sejas orgulhosa*: «Morte, tu morrerás». O fim de todo o desenrolar da Criação, do tempo e da história, é profetizado aqui como o é no final do Apocalipse. E aqui termina a história de amor de Deus: com vida infinita, amor e um casamento divino:

> Vi então um céu novo e uma nova terra – pois o primeiro céu e a primeira terra se foram, e o mar [símbolo da morte] já não existe. Vi também descer do céu, de junto de Deus, a Cidade santa, uma Jerusalém nova, pronta como uma esposa que se enfeitou para seu marido. Nisto ouvi uma voz forte que, do trono, dizia: «Eis a tenda de Deus com os homens. Ele habitará com eles; eles serão o seu povo, e ele, Deus-com-eles, será o seu Deus. Ele enxugará toda lágrima dos seus olhos, pois nunca mais haverá morte, nem luto, nem clamor, e nem dor haverá mais. Sim! As coisas antigas se foram!» O que está sentado no trono declarou então: «Eis que eu faço novas todas as coisas». E continuou: «Escreve, porque estas palavras são fiéis e verdadeiras». Disse-me ainda: «Elas se realizaram! Eu sou o Alfa e o Ômega, o Princípio e o Fim; e a quem tem sede eu darei gratuitamente da fonte de água viva» (Apoc 21, 1-6).

Você ouviu? Gratuitamente! O único requisito é ter sede. A oferta incrível é repetida mais adiante no mesmo livro:

O Espírito e a Esposa [a Igreja] dizem: «Vem!» Que aquele que ouve diga também: «Vem!» Que o sedento venha, e quem o deseja receba gratuitamente a água da vida (Apoc 22, 17).

A alegria eterna – a união com Deus – não tem preço, porque o Senhor já o pagou no Calvário.

O Amor, como você vê, é capaz de tudo. Somente o Amor enche o vazio do Eclesiastes e o nosso. Somente o Amor satisfaz a busca de Jó e a nossa.

Índice

Introdução 5
   A inesgotável literatura sapiencial 7
   Três filosofias de vida...9
   Três disposições metafísicas 10
   Três virtudes teologais 12
   A «*Divina Comédia*» antes de Dante.....................14

Eclesiastes: a vida como vaidade................................17
   1. A grandeza do Eclesiastes....................................19
   2. O Eclesiastes como ética......................................22
   3. Eclesiastes, o existencialista.................................24
   4. O silêncio de Deus no Eclesiastes 29
   5. O resumo do Eclesiastes 31
   6. O autor do Eclesiastes 32
   7. Significados de curto alcance bastam?................38
   8. O grande disfarce 43
   9. Cinco maneiras de esconder um elefante 44
   10. O silogismo obsceno 47
   11. Cinco trabalhos 48
   12. Cinco vaidades 61
   13. A necessidade de uma resposta: três portas demoníacas....70

14. Regras para responder 72
15. Mais uma resposta ao Eclesiastes: a interrupção divina 75
16. O adendo 76
17. Conclusão 77

Jó: a vida como sofrimento 79
1. O «problema do mal» 85
2. Fé *versus* experiência 101
3. O problema do sentido da vida 112
4. O problema de Deus 117

Cântico dos Cânticos: a vida como amor 129
1. O amor é uma canção 136
2. O amor é a maior das canções 137
3. O amor é diálogo 140
4. O amor é sinérgico 141
5. O amor é vivo 142
6. O amor é um evangelho 144
7. O amor é poder 146
8. O amor é trabalho 147
9. O amor é desejo e satisfação 149
10. O sofrimento acompanha o amor 150
11. O amor é livre 152
12. O amor é fiel à realidade 154
13. O amor é exato 155
14. O amor é simples 160
15. O amor é individual 163
16. O amor vence tudo 166
17. O amor é surpresa 167
18. O amor é destemido 169
19. O amor é troca de seres 171
20. O amor é triunfal 173
21. O amor é natural 174
22. O amor é fiel 176
23. O amor está sempre pronto 178
24. O amor é inclusivo 180
25. O amor é «sexista» 182
26. O amor é forte como a morte 183

Direção geral
Renata Ferlin Sugai

Direção editorial
Hugo Langone

Produção editorial
Gabriela Haeitmann
Juliana Amato
Ronaldo Vasconcelos

Capa
Gabriela Haeitmann

Diagramação
Sérgio Ramalho

ESTE LIVRO ACABOU DE SE IMPRIMIR
A 30 DE MAIO DE 2025,
EM PAPEL PÓLEN NATURAL 70 g/m².